JN253485

朱鎔基総理の時代

青木俊一郎

杭迫柏樹

表紙題字　（公・社）日本書芸院理事長　杭迫柏樹氏

◉目次

表紙題字　(公・社)日本書芸院理事長　杭迫柏樹氏

（序）

一九四九年、新中国の建設後毛沢東主導の不毛の三〇年を大転換し、鄧小平による改革開放政策の推進により高度経済成長の軌道に乗り約四〇年が経過しようとしている。今やアメリカに次ぐ世界第二位の経済大国に成長できた国づくりはかつての日本の高度経済成長が世界の奇跡と言われた後に続いて、二〇世紀末から二一世紀初頭にかけての世界の奇跡とも言えるものであった。

中国には名前をいわずとも「総理」と呼ばれる二人がいる。

周恩来総理と朱鎔基総理のことで人々は尊敬の気持ちをこめて二人のことを「我々の総理」と呼んでいる。

周恩来総理は毛沢東主席と共に、半世紀に亘り新中国の建国に最前線で身を尽くし、清廉潔白に自己犠牲的愛国精神を実践した伝説的人物であった。

しかし残念ながら毛沢東の建国後の世紀的な失政となった「大躍進」と「文化大革命」を阻止することはできなかった。

一方朱鎔基総理は父母を幼少にして亡くし伯父の庇護の下、勉学に専念し、優等生奨学金の支援を受け、理工系最高学府清華大学を優等生で卒業した。国家計画委員会に配属され順調なスタートを切ったが、毛沢東の「反右派運動」に引っかかり「右派」の烙印を押され、二〇年間党籍を剥奪され、その中、五年間は農村に下放されて農業の実態を知り尽くしたが、文革の終焉後、国家計画委員会と国家経済委員会に復帰し、名誉回復を果たし、中央官僚の立場から鄧小平の改革開放活動を支えた。一九八七年上海市長に就任し遅延していた上海の再開発に取り組み、浦東開発に着手、南浦大橋をＩＭＦ借款を活用して二年間で建設完了して、地下鉄建設を初めとする都市の交通、港湾、道路等の都市計画の計画図を進めた。

一九八九年の六・四事件に当たっては北京からの解放軍出動の提案を拒否し、ＴＶ放送により市民を説得し見事にデモの平和的終息に成功した。一九九一年には副総理へ昇格し、鄧小平の南巡講話に呼応して、一九九三年の全国人民大会に於いて社会主義計画経済から社会主義市場経済への大転換を決議し、新憲法一五条で「国家は社会主義の市場経済を実施する」と明確に踏み切った。

鄧小平や陳雲等の支援下で自ら率先垂範して指揮を執り、マクロコントロールを核とする諸改革を実践し、ハイパーインフレを三年間でソフトランディングさせ、驚異的な経済成長を実現し、国民の生活文化を改善した。一九九八年より五年間は国務院総理としてＷＴＯ加盟によるグローバリゼーションに成功させ、高度経済発展路線の設計図を固めた。

二〇〇三年三月幹部の年齢制限ルールを遵守し、総理を温家宝に引き継ぎ、きっぱりと引退し、いわゆる完全な隠居生活に徹している。

趣味である京劇の二胡の演奏と読書に没頭され、国家指導者としてあるべき究極の理想像を実践している。

元々私生活には潔癖で、飲酒吸煙は一切行わず、上海市長時代以降周辺の部下を初めとして、徹底的に汚職廃絶を主導し「一〇〇個の棺桶を用意してくれ。その一つは自分のためである」と汚職関係者に叩きつけて決死の覚悟で「反腐敗運動」を実践した。毎年連続的に発生した洪水には自ら真っ先に現場に駆け付け迅速な対策を指示した姿は国民の高い評価を克ち得ている。

その厳しい姿勢を貫き通すことができたのは、自分の実父母が早逝したことから「書物の虫」ともいうべき勉学に明け暮れた孤独な幼少年生活であったため、長沙の頃から知り合って若くして相思相愛であり、清華大学の後輩であった労安夫人との円満な家庭生活があったからだ。単に中国の代表的最高の知性を発揮した指導者としてだけではなく、この時代の世界的哲人政治家であり、後世に語り継がれる偉人の一人であろう。

紀元前五世紀、儒教の祖である儒聖孔子の後をついで紀元前三世紀に「恒産なければ恒心なし」と儒教を多角化した孟子は亜聖とも呼ばれているが著作〈告子章句下〉に於いて真のリーダーシップの在り方を次のように述べている。

「天がこの人に大いなる任務を与えようとする時は必ずまずその人の心や志を苦しませ、その筋骨を疲れる程働かせ、その一身を窮乏にさせ、する事なす事がそのしようとする意図とくいちがうような苦境に立たせる。

こんなにもこの人を苦しめるものは、天がその人を発憤させ、その人の本性を忍耐強いものにし、そしてその結果今まで良くすることのできなかったものを成し得るように、その人の能力を増大させ、大任を負わせる為に足る大人物にしようとするためである」

この孟子の定義を二三〇〇年を経て、救世主の如く朱鎔基が見事に実証してくれた。鄧小平が主導した改革開放の危機から立ち直り、社会主義計画経済から社会主義市場経済に転換し、高度経済成長へ数々の改革開放を大いなる任務を成しとげた朱鎔基の事績を忠実にたどり、中国のみならず世界の平和と繁栄に貢献されたリーダーシップの在り方を考察することにしたい。

（1）建国から改革開放政策の前夜まで

一九四九年一〇月一日毛沢東主席が天安門で中華人民共和国の成立を高らかに世界に表明した。新中国は中国共産党により国家建設が行われることになった。マルクス・エンゲルスの社会主義計画経済によって一九一七年社会主義による国家建設を先行していたソ連邦がモデルケースになった。

一九五四年四〇〇〇人の留学生がモスクワに派遣され中国の社会主義建設に活用するために、毛沢東も二度モスクワを訪問し、これらの留学生を中国大使館に集めて「君たちは午前九時の太陽である。新中国の建設に貢献してほしい」と激励している。

ソ連邦の社会主義計画経済を模倣して毛沢東は一九五八年に大躍進政策を打ち出し「ゆりかごから墓場まで」政府が人民を公正に平等に統制することを目指し人口の八割を構成する農民を人民公社の社員にした。

このユートピア的構想はたちまち三年間で大失敗した。十分働かなくてもノルマさえ達成したと報告すれば食は保証されることになったので農民の生産意欲を減退させ、同時に生産量が英国の鉄鋼生産量に近づいていたために英国に追いつくべく農民に粗悪な鉄鋼生産に着手させ、気象状況も不安定で農業生産量が低迷し、農業生産が急落し数千万人の餓死者を出してしまった。

この危機を毛沢東は劉少奇を二代目の主席に任命し鄧小平を初めとする幹部を動員して、農業生産の回復と国有企業の整備に取り組んだ結果、好転した。

一九六三年には鄧小平をリーダーとする代表団とソ連邦とスターリンを追放したフルシチョフのグループが社会主義の在り方について論争したが、決裂してしまった。中国側は「中国の特色ある社会主義」を行うことを主張して、ソ連邦と実質的に断交した。

ソ連邦はそれまで重工業建設を助成していた八〇〇〇人に及ぶ高級技術者団を帰国させ、設備機器も引き上げた。

中国はソ連邦からの借款を全額返済した。

そして決然と「自力更生」をスローガンとした建国に取り組んだ。

またこの時期原子爆弾と水素爆弾を自力開発し、ロシアが当時の中国の第一仮想敵国になり、一九八九年まで二六年間実質的に絶交し、国境を挟んで両国が対峙し一時戦火を交わした。

一九七六年まで約一〇年間教育も空白状態が続き、、暗黒の大動乱を起こしてしまった毛沢東は劉少奇や鄧小平を資本主義の道を往く「走資派」として批判し、紅衛兵を動員して「文化大革命」いわゆる文革を発動した。一九六六年から一九七六年まで約一〇年間教育も空白状態が続き、林彪のクーデーターを阻止したものの、側近の四人組の暴挙も市民の反感がつのり、暗黒の大混乱を起こしてしまった。訪中した日本の商社マンも毛沢東語録を朗読してから商談を始めさせられた。ドイツのナチスの暴挙、日本の対中侵略、そしてこの中国の文化大革命は二〇世紀の三大暴挙であった。

一九七六年一月国民に慕われてきた周恩来総理が亡くなり、四月初の清明節に第一次天安門事件とも言われる数百万人に及ぶ北京市民が天安門の無名戦士の墓碑と周辺の道路に集まり二千数百本の花束や書を携え哀悼の意を表した。

一九二一年創設された中国共産党以来、常に共に生死を分かち合い新中国の発展に貢献してきた周恩来総理への毛沢東及び高層幹部達の非情さに対する抗議でもあった。

晩年文革の進行を止めることができず、四人組みが毛沢東と儒教の祖であり、階級保持の中で秩序維持を主張した孔子を引合に出し「批林批孔」のスローガンの孔子が即ち周恩来であるという批判を行い、毛沢東は文革の失政を最終的に認めることができなかった。

毛沢東は混乱を収拾するために四人組の告発により事実上の総理であった鄧小平を三度目の左遷にし、公安部門の責任者である華国鋒を主席代理に抜擢した。「君がやれば、私は安心だ」というポスターが街のあちこちに貼り付けられた。

同年九月に毛沢東が死亡して、華国鋒は即刻毛沢東の最後の妻江青及び張春橋、姚文元、王洪文の四人組を逮捕した。ようやく文革は終結した。

軍事、政治、経済には経験の無い華国鋒は追放されていた全面的な行政経験を有する「三転び四起き」となった鄧小平を副総理に任命して周恩来の下で生前共に提唱していた「四つの近代化」政策に本格的に取り組むことになった。

この一〇年間は一九七二年九月に田中角栄と周恩来が署名した日中共同声明ができたものの、中国はほとんど鎖国状態になってしまっていた。

後に毛沢東の生前の実績は建国までの七割が成功したが、その後の三割は悲劇であったと鄧小平が評価しているが、社会主義のイデオロギーに基づく中国的ユートピア社会の建設に固執し、国民の生活文化の向上を目指す実践には大失敗をしてしまった。正に孟子が指摘した「恒産なければ恒心なし」の状態に陥った。鄧小平は個人的にも長男の鄧樸方が北京大学のキャンパスで四階から突き落とされ生涯車椅子生活をせざるを得なくなった悲劇に遇った。

（2）改革開放のスタート時期一〇年間の進展と六・四天安門事件まで

鄧小平は全面的な実権を獲得するや日本語にすると現場現物現実主義を追求し実現することにあたる「実事求是」をモットーに、先に欧米やシンガポールを視察した。自分が十代末期に生活したパリがすっかり近代都市に変身している姿を見て、中国は少なくとも二〇年間、経済科学技術は遅れていることを痛感している。

その後一九七八年一〇月日中平和友好条約を批准するために訪日し昭和天皇に会見し、数々の国事を果たした後、たっての要望で代表的な民営企業の実態を視察した。

すでに最新鋭鉄鋼プラントの導入契約を決め、技術実習生を派遣していた新日鉄君津工場を稲山社長に案内され工場を視察し、実習生達を激励した。その後自動車製造の日産を視察した。東京から大阪まで新幹線に乗り感想を聞かれると、自分たちがこのようなスピードで中国の近代化を進めなければならず、まるで自分の背中を鞭打たれているようだと感想を述べている。

大阪では松下電器（現パナソニック社）のテレビ工場を視察した。

鄧小平は改革開放政策を始めるに当たって、まずは一般大衆に生活文化の向上を実感させることが急務であり、それには家庭にラジカセ、テレビ、洗濯機、炊飯器、掃除機、アイロン、冷蔵庫、扇風機、エアコン等々の家電製品を早急に普及させることが最も効果的であると考え、意図的に松下電器に白羽の矢を立てた。

松下幸之助創業者と会談し、「あなたは日本で企業経営の神様だといわれておられる。中国はこれから近代化を進めていかねばならない。松下さん、ぜひ手伝ってください」と要望した。松下幸之助は「世界の文明は中国、インド、エジプト、メソポタミヤの四大文明に始まってヨーロッパに行き、今はアメリカが世界で最も繁栄しているが、二一世紀にはアジアの時代になると思います。その時には日本と中国が手を携えてアジアと世界の繁栄に貢献するべきです。松下電器は一企業ですが中国の近代化には何でもお手伝いしたいと思います」と述べ鄧小平を喜ばせ、同席した廖承志中日友好協会会長にすぐに松下幸之助に訪中の招聘状を出すよう指示した。

鄧小平の直々の招聘状を受け、企業家にもかかわらず国賓待遇で松下幸之助は翌年の六月と翌々年の一〇月八四～八五歳の高齢にもかかわらず二度訪中した。幸いにも筆者は国際貿易促進協会関西本部の支援を得て設立した松下電器駐中国連絡事務所の初代処長であったためこの二度の訪中に末席で随行することができた。

初めて松下幸之助代表団が北京の地を踏んだ当日、中日友好協会の按配により故宮博物館西隣の野外劇場で京劇の「孫悟空」を一般の観客とともに楽しんだ。セリフがほとんどなく孫悟空が一〇八の悪漢を一〇八通りの立ち回りでやっつける芝居であった。

翌朝人民代表大会堂で二回目の会見が持たれた。冒頭松下幸之助が「昨日は孫悟空の京劇を見せて

松下幸之助と鄧小平の会見（於人民大会堂 1979.6.26）

いただいて有難うございました。すべからく経営というものは孫悟空と同じように変化に対する対応ですね」と述べると、鄧小平はすぐさま「戦後の日本の復興は松下さんや稲山さん、土光さんのような多くの孫悟空が活躍されてできたものですね。これからの中国は数多くの孫悟空が必要です。中国の新しい孫悟空づくりを手伝ってください」と応じた。

この言葉に従って、早速翌日人民大会堂で約二〇〇名の国務院の幹部が召集され「松下幸之助経営懇談会」が開催された。講演の中での忘れ難い内容は消費の重要性を語った次の一節であった。「中国の皆さんは男女平等で非常に真面目に週六日間働いておられる。日曜日には掃除、洗濯、料理等の家事をまとめてされるので、買い物をされる時間が少ないと思います。消費が増えないと経済は発展しません。私ども松下電器は日本企業では初めて一五年前から週五日制に切り替えました。〈一日休養、一日教養〉ということで思い切って実施しましたが、反って生産性も上がり、商品の研究開発も進んで、売り上げも増えました」

この週五日制はそれから一五年後朱鎔基副総理の下で中国でも高度経済成長が軌道に乗った段階で完全に実施されることになった。正に中国の社会主義が求める国民の福祉向上と産業の生産性向上を実現し、消費を増大する具体的な提案であったと思われる。

鄧小平とは合計四回、中国の電子工業の近代化について話し合った。民間の企業経営者として鄧小平自身と四回も時間をかけて対談した日本人は他になく、時間を選んで北京のテレビ工場や部品工場を視察し、北京の故宮、万里の長城や天壇、頤和園、杭州の西湖、上海市内及び上海の電子部品工場等を参観した。当時の上海市長汪道涵とも会談し、ＰＨＰ運動について紹介した。

後に一九九八年一一月中日友好協会主催で北京の人民大会堂と天安門広場を挟んで正面に位置する中国歴史博物館と上海国立図書館で「松下幸之助展覧会」が開催され、多数の観覧者がノートを持って熱心に見てくれた。

筆者の知る限り、日本人且つ実業家についてこのような展覧会を開催されたことは前代未聞の光栄なことであった。

二度目の訪中から帰国後、松下幸之助はある新聞社の対談で次のように語っている。

「中国というのは単なる国ではなく、小世界ですよ。中国という小世界が豊かになると、他の世界が潤うんですよ。大きく言えば、中国を繁栄せしめることが世界を富ますことになる。かりに中国が行き詰まったら、世界にその波紋ができますよ」

又一九八一年一月一日の日中友好協会発刊の機関紙に「資本主義とか共産主義とかいうものも、もともとは人間の本質に根ざした経済体制は何かという観点から考えられ、生み出されたものだと言えよう。つまりそれらは、あくまでお互い人間の幸せを高めて行くための一つの手段、方法であると考えられる。とすればお互いに必要なことは資本主義や社会主義をそれぞれ唯一無二のものとするのではなく、人間の幸せにつながることであればその良い点は相互に大いに吸収し合うという態度ではなかろうか」と述べている。

これらの発言はその後の、中国側の改革開放の発展方向を適切に示唆している。

鄧小平は帰国後一九七九年一一月早速共産党の三中全会を開催し、「工業、農業、国防、科学技術」の四つの現代化を促進するために、旧来の自力更生のみにこだわらず「改革開放」政策への大転換を提言し、その方針転換を心待ちしていた中央委員会で全面的に採択され、改革開放政策の具体的な取り組みが始められた。

しかし文革により荒廃してしまった組織体制を一八〇度改革体制に切り替えるには一二億の人口と日本の二六倍の広大な面積を有する中国に於いて、一朝一夕に変えられるわけにはいかなかった。

世界経済から全く孤立して、国民生活が貧しさを分かち合う状態を速やかに豊かさに活性化するために国際化への壁を開き、外国から資本と技術を導入することであった。

当時の外貨収入は石油、石炭、「ピョンピョン、パチパチ、グニャグニャ」と言われる兎肉、天津栗、くらげ等に代表される食品や繊維材料等の対日輸出や華僑送金しかなかった。

外国からの借款や投資も少なく、国債も一切発行されておらず、全くゼロからのスタートであり社会主義計画経済体制からの再出発であった。

鄧小平は外資導入の最初の法律として合弁法（合資経営企業法）を公布し、テストケースとして深圳、厦門、珠海、汕頭の四地区を経済特区に指定し、五通一平（工場用地、電気、水道、ガス、通信）のインフラを用意し、外資企業が独資でも合弁でも外貨を稼ぐ輸出専門工場を建設することに取りかかった。

この四地区の選定基準は華僑の国内への送金が最も多い地域であった。この時なぜ上海を同じく経済特区にしておかなかったのか大いに後悔していたようである。

早速香港経由で華僑系企業が先導し、家電、プラスチック工芸品、玩具等の企業が特区のインフラや労働者の賃金が低く、勤勉な作業ぶりで圧倒的な競争力を有していることから製品を一〇〇％輸出することで次々と投資が増えていった。

これをサポートする税関や外貨管理局等関連の政府管理機構も次第に業務要領を向上させ外資導入要領のモデルとして他地区の政府機関の見本になり、他地区からの見学対象となった。

日本からも香港三洋の積極的な後押しにより三洋電機が深圳でラジカセや関連の電子部品を製造し、輸出する合弁会社「華強三洋有限公司」を設立した。分工場の蛇頭工場を含めると一挙に四〇〇〇名の従業員を雇用した。

後に総理となった大平正芳は日中戦争時代の日本側の侵略行為を現場で体験し、一九七二年九月田中角栄首相と共に外務大臣として周恩来総理をトップとする中国側代表団と友好的なるも激しい交渉を行った。やっと合意に達した日中共同声明で中国側が台湾を中国の不可分の領土であることを認めることとの代償に戦時賠償を放棄してくれたことを永年に亘り恩義を感じていた。

一九八〇年一二月日本政府が開発途上国援助（ＯＤＡ）政策推進の最重要国として大平総理が訪中

して中国政府と折衝し、中日友好病院建設、中日青年交流センター、中日環境保護研究センターの無償援助、農林業の技術専門家の派遣による技術援助及び各地の重要インフラ事業に対し、長期返済期間・低金利による融資を開始した。

大平総理は協定書に調印後、民族飯店で関係者を慰労する懇親会を開催し、大使館を初め同行した官僚以外に当時北京に駐在していた日本航空、新日鉄、東京銀行、松下電器の企業代表も参加した。筆者も松下電器の代表として、大平総理の決意を直接聴き、このプロジェクトの重要性を痛感した。

「日本は國土も狭く、資源も無い国であり、貿易立国であることは変わらない。今日の中国はまだ開発途上国であるが、この改革開放政策の進展により必ず日本の最大の貿易パートナーになるものと信じれている」と述べた。

この言葉通り二〇〇七年以降日中貿易が対米貿易を抜き最大のパートーナーになり今日に至っている。

対中ODAも一〇数年に亘り経常的にインフラ建設資金として総額三・六兆円提供され、別途ほぼ同額のサムライ債も提供され、改革開放政策の促進に役立っている。

二〇〇八年当時の国家主席胡錦濤が日中平和友好条約締結三〇年を記念して訪日した時、国会及び早稲田大学で講演し、中国政府を代表して深甚なる謝意を述べた。中国側もこの借款返済に際しては期限通り実施し、二〇一六年現在ほぼ完済されている。開発途上国へのODA支援国の中では中国が最良のパートナーであった。

二〇一六年一〇月日本経済新聞の報ずるところによると、このODAの推進については宮崎勇元経済企画庁長官が中心メンバーの一人として「日中経済知識交流会」が主要な役割を果たした。日中経済知識交流会は大平総理の遺志を継ぎ、日本を代表するエコノミスト、大来作武郎元外相を座長に一九八一年に発足。中国側は当時の鄧小平副首相と共に経済を担当した谷牧副総理をトップに、選りすぐった経済官僚が選ばれた。

彼らは一九七九年、日本の高度経済成長に中国経済立て直しのモデルを求めて一カ月に亘り日本を視察、二年後には会議の発足メンバーに転じる。日中が毎年持ち回りで、これまで三三回の会議を開催。宮崎はこの会議を通じて終生の友人に出会う。朱鎔基総理である。

朱鎔基は当時国家経済委員会副司長（局長）でしかなかったが、会議に二度参加して宮崎と懇意になり、長時間の列車移動の間も寝る間も惜しんで英語で直接経済政策談義に熱中した。

朱鎔基が上海市長に就任すると、宮崎は訪中の度に上海に足を延ばして経済政策談義は続いた。上海経済の立て直しに成功した朱鎔基は経済担当副総理そして一九九八年には総理に就任した。朱鎔基は中国経済成長の足枷となっていた国有企業、金融、行政の三大改革に着手。宮崎は経済企画庁長官退任後も橋本龍太郎内閣で行政改革に携わり、この時の経験や、特に中央省庁再編の経緯や詳細を朱鎔基に講じると、朱鎔基は四〇から二九に削減。日本が一〇年の時を要した行政改革を一年で実施してしまった、その胆力と剛腕に舌を巻いたという。

引退後はめったに姿を現さない朱鎔基が二〇一六年一月に九二歳で亡くなった宮崎勇に弔電を送った。日中関係が微妙な時期だけに、多くの関係者が注目した。朱鎔基は弔電でこう述べた。「三〇数年の長きにわたり、終始一貫して中日経済知識交流会のメンバーとして参加され、中国の知域発展、企業改革、行政改革などに素晴らしい提言をされました。中国経済の発展に大変大きな貢献をされ、中国人員の尊敬を集めておられました」最大の賛辞であった。そして「二〇一〇年四月で最後にお目にかかったのがまるで昨日のことのようです」とも。しかし、これは公式の会談の話であった。実は二人は三年ほど前、本当の最後のお別れをしていた。宮崎の求めて応じて会った場所は広東省深圳。一九九二年、鄧小平が「改革・解放」政策の加速に向けて南巡講話でハッパをかけた地である。鄧小平に経済改革の手腕を買われていた朱鎔基にとっても思い出深い地であった。

一方民間企業からは中国側の要望に従い、中央及び地方国有企業の工場改革や上海宝山鉄鋼所が新日鉄の鉄鋼製造最新鋭プラント、金山石化へ鐘紡が提供した化学プラントや松下電器が上海灯泡廠への白黒ＴＶ用ブラウン管製造設備を最優遇価格で提供し、中国側は長期的に多大なる経済効果を上げることができた。

この時期広く国民に暗黒の時代から改革開放の明るく豊かな社会がやって来ることを確信させるために衣食が充足され、家庭生活が豊かになることを実感してもらうことが何よりの基本的条件であった。それにはそれぞれの家庭に扇風機、ラジカセ、洗濯機、カラーテレビ、冷蔵庫等などの電化商品が次々に備えられ始めた。これらの家電製品は自力更生時代から全国的に地方国有工場で生産されていたがそれらの製品は時代遅れで機能も品質も輸入され始めた日本製品より劣っており、日本製品の輸入が急速に増大して、日本の家電メーカーにとっては突然のように一大輸出市場が出現した。日本製家電製品は国営の軽工業製品輸入公司を通じての一括輸入であり、人民元での国内販売の需要は莫大で常に品不足であったが、輸入代金の決済は米ドルで行われた為、外貨の調達が困難となり契約不履行がしばしば発生し、日本のメーカーや間に入った商社が被害を被るケースも多々発生した。

地方の国有工場も地方政府も早期に利益を上げることができる老工場改造を日本企業に協力を要請した。当時必ず儲かるという三大事業は「カラーTV・冷蔵庫、洗濯機」であり、各地方工場がすでに自力更生で製造していたが、製品の性能、品質、価格、納期、アフターサービスで輸入完成品とは大きな差が有り、部分的な設備導入により技術合作と称して日本の各メーカーを日本の商社を通じ招聘し積極的に取り組んだ。

たとえば日本ビクターは二一工場とカラーテレビの技術合作契約を結び、ベルトコンベヤーと計測設備を提供し、部品は殆ど日本から輸出するというコマーシャリズムに徹したものであった。

筆者自身もカラーテレビ、洗濯機、冷蔵庫やその主要部品の冷蔵庫コンプレッサー等の主要工場との技術交渉と商務交渉に参加したが、決してそのプラント提供と技術者の実習の費用に損失が出ないように徹夜に及ぶ交渉を繰り返した。

「技術は無償ではない」ことを懸命に訴求し、必ず技術費（技術援助費）という名目でそれぞれの案件が検収を以て終了する時点で回収することができた。中国側が常に先進技術を熱望していたのは、ココム（対共産圏先進技術輸入制限機構）による規制を打破することも有効に作用した。

筆者自身も本社の指示で当時の深圳を、建設状況と市場調査を兼ねてたびたび訪問した。人口も二〇数万の漁村が特区に変化していく状況を参観したが行くたびごとに大きく変化し、看板で鄧小平が「諸君普通話（中国語標準語）で話をしよう！」という状態であった。しかし九〇年代に入り、華為、フォックスコーン、中興等々の電子関係企業が急成長するにつれ中国のシリコンバレーのように東北地方の優秀な理工系大学出身者が続々と移住してきた結果、今や普通話を語る人が一五〇〇万人東京をしのぐ近代工業国際都市に成長した。まさに中国改革開放の奇跡を立証する現代化の象徴である。

これら四個所の経済特区の実験結果の発展可能性が見込めることを確認して、一九八四年に沿海地区の大連、秦皇島、天津、煙台、青島、連雲島、南通、上海、寧波、温州、福州、広州、湛江、北海の一四主要都市を認定した。

従来の四特区に加えて、新たに先端技術導入と輸出主導であることを条件づけて外資の誘致を図る経済技術開発区の設立と外資の誘致活動を促進した。同時に合弁法に追加してその実施細目を法令化した。

これにより中央及び地方の国営企業の利益を損失させることなく、むしろ彼らの経営体質を改善させることに留意して進められた。

外資導入促進のネックであった知的財産権の保護についても、一九八六年世界知的財産権保護委員会（ＷＩＰＯ）に加盟した。国内では専利局（特許局）を強化し特許、実用新案、商標についても関連法規を強化してグローバル　スタンダードに近づけた。

同時にＧＡＴＴ（関税と貿易に関する一般協定）に加盟する交渉も開始したが、これは形を変えＷＴＯ（世界貿易機構）加盟実現まで一六年間の個別折衝を重ね二〇〇一年にようやく実現した。

しかし外国企業の対中投資は中国内部の巨大な官僚機構の改革スピードが遅いのでなかなか進まなかった。日本でも国有企業改革は国鉄からＪＲ、郵政改革が予想以上に時間がかかったが、日本の一〇倍の人口を有し、中央政府と地方政府の組織が硬直化しており、文革で教育制度が麻痺してしまっている状態で、共産党の一党独裁下の行政体制を改革することをスムーズに進行させることは困難を極めた。

改革開放政策が始まり、八二年憲法改正が行われ、その四九条で「父母は子弟の育成に責任を持ち、子弟は父母が生活能力に窮乏したときには父母の生活を援ける」として親子関係を正常化した。文革時に「造反有理」という用語で謀反することは道理がある（毛沢東が一九三九年に「マルクス主義を一言でいえば造反有理である」と言ったことに基づく）というスローガンで親子関係にも数々の悲劇が発生したことを否定し、中国人が本来大切にしてきた親子・家族関係を正常化した。

同時に過剰な人口増大を抑制するために計画生育と称し過酷とも思われる一人っ子政策を徹底的に

実施した。この政策は経済成長と教育振興に効果を発揮したが、少子高齢化現象をもたらしたことから社会福祉を重視し二〇一五年には二人っ子も認められることになった。

文革末期一九七四年に「批林批孔」という四人組が提唱したスローガンが流布され猛威をふるった。林彪や孔子を批判するという名目で周恩来を批判したものであると言われている。文革が終わり孔子が論語で述べている「仁、義、礼、智、信」で総括する道徳律を基本とする儒教が徐々に復活してきた。

「揺り篭から墓場まで」政府が責任を持つという毛沢東のユートピア的社会主義国家建設が実現不可能であることが証明され、鄧小平が改革開放に大転換した。

一九五八年に開始された人民公社は徐々に解体され、二七年後の一九八五年には完全に農業生産は請負制に改善された。その農業改革に伴い、農生産物買い付け価格の引き上げ、農産物市場の形成等の農村改革が行われていた。

そして一九八四年一〇月の中国共産党第三回全体会議（中共一二期三中全会）において「経済体制改革に関する決定」が行われ、一九八〇年代後半から改革の重点が農村部から都市部へ移されることになった。都市部の改革は主に中央政府から権限や利得を地方政府、国有企業への「放権譲利」とされ「双軌制（Dual Tracking System）と呼ばれる市場経済化が推進されることになった。しかし、都市部での諸改革は必ずしもスムーズにいかず、混乱をもたらす時期でもあった。

この時期、松下電器は松下幸之助創業者が鄧小平主席と約束した、「国際競争力を有する模範となる合弁会社を作る」ことを目標とした。すでに一五〇件以上の技術合作の経験から、当時の山下俊彦社長が松下本社プロジェクトして率先垂範して取り組み、先ず技術提供先の工場長に集まって頂き、技術合作の率直な感想を聞いた。結論は一様に「松下の設備は先進的で有り、指導員も日本の工場実習も良いので最初の製品はよく売れるが、次の新製品を出すまで上部当局の決裁に時間がかかり、輸入品に負けてしまう」というものであった。

山下社長は当時中国で最も不足しているカラーブラウン管が最も役に立ち中国政府に喜んでいただけるはずであり、工場は内外を問わず関係者が参観してくれる首都北京が最適であると決定し、自ら北京市長に合弁会社を作りたいと申し入れ諒解を得た。資本金は折半出資で総額二〇〇億円と当時の中国の外資導入としては最大であった。

一九八七年五月に人民大会堂で李鵬副総理及び北京市長参列の下に、「北京・松下カラーブラウン管有限会社」（略称ＢＭＣＣ）の合弁契約書に山下社長を引き継いだ谷井昭雄社長と北京側出資者四社との間で署名された。「このプロジェクトは絶対に失敗出来ない」と双方の関係者が筆者を含めて懸命に取り組んだ。

こうして改革開放政策は次ぎ次ぎと進められ、ソ連計画経済方式の計算方式によるＧＤＰも八〇年代は八七年まで年率八％以上の急成長をとげた。然し、内政面では多くの国民にその磊落で人気のあった共産主義青年団出身の胡躍邦総書記が解任されたことから、経済状況も急激に悪化し社会不安が拡がった。

特に八八年に経済成長が急低下し、インフレが一八・八％にも達し、統計では現れない全国の失業率も極端に悪化した。一九八九年四月頃より地方から北京や上海をはじめとする主要な鉄道の駅ではドンゴロスの荷物袋をかかえた失業者が職を求めてゴロ寝する状態になり、悲惨な状況に陥った。四月の中旬以降には地元の北京や地方からやってきた大学生が天安門広場に徐々に集結し座り込んで、政府批判と民主化を求める反政府デモが数十万人に膨れ上がった。ところがこのデモ参加者は組織化されておらず、ばらばらにマイクを握って弁論会のように政府批判と民主化を叫ぶ統率者不在の鵜合の衆であった。

趙紫陽総書記は北朝鮮への出張後やっと広場に現れ、自分が出て来るのが遅すぎたことを涙ながら語りかけたが、群衆はもはや彼の言葉には耳を貸さなかった。

このデモ隊の占拠する広場の西側に所在する人民大会堂では二六年来国交断絶していたソ連邦のゴルバチョフ委員長と鄧小平氏・銭其琛外相が中ソ共同声明に調印していた。

国民に人気のあった趙紫陽は責任をとって辞表を提出し、自宅勾留となった。

この混乱状態に危機感を持った鄧小平は「たとえ数十万人のデモ学生を殺すことになっても共産党

の一党独裁体制は守り抜く」と宣言した。秩序回復には解放軍の投入もやむなしと陳雲、万里、葉剣英、李先念、姚依林、楊尚昆等の長老幹部と協議し、上海の党書記である江沢民を急遽上京させ総書記に任命した。

天安門広場を中心とする東城区、西城区、崇文区、宣武区の四地区に戒厳令がひかれた。

筆者は一九七四年一月に田中角栄総理がインドネシアの首都ジャカルタを訪問した折、現地の松下電器の合弁会社ナショナルゴーベル社に勤務しており、大規模な反日デモに遭遇した経験を有している。実態は失業者の増大と急激に増大したインフレで困窮した人々が暴徒化し反日デモに名を借りた大規模な反政府デモを起こしていた。政府は戦車を出動し軍隊によって制圧したが、多数の華僑商店が略奪や焼き討ちにあった。

「民は食を以て天と成す」とは司馬遷が「史記」で述べている至言である。

中国の王朝交代は農民一揆で国が倒れ、新しい王朝が起こるその繰り返しであったとも言える。この八九年六・四事件以降、中国政府は繰り返し「安定成長」という言葉を必ず使ってきているが、それは取りも直さずこの六・四事件の生々しい教訓が染みついているからである。

八九年六月四日になって「天安門事件」がピークに達した時点で、解放軍がトラックに兵士を満載して北京市内に乗り込み、戦車も天安門広場に直結している長安路に集結して一挙に天安門広場から学生や市民を追い出した。

市内に乗り込んだ解放軍の軍隊が道路に出ている暴徒化した市民や学生に向けて発砲し始め、天安門広場に座り込んだ学生達に撤去するよう命令し、続々と退出した結果、午前三時には天安門広場は二カ月ぶりに通常の空白状態に戻った。

したがって天安門広場からわずか三時間でデモ隊が脱出せざるを得なかったため発砲はされず、一人の死亡者も出ていない。

天安門広場では発砲されなかった証明をするために後に夜間照明柱に設置されていたVTRで時刻入りが録画されていた撤去の情況が克明に時刻を表示しており、確かに銃撃はされていなかった。

然し市内の中心部の西単、木柵、中関村等の道路上で解放軍の銃撃があり、兵士、学生を含め約三〇〇名が死亡したと言われている。当時の陳希同市長は路上で弾に当たった不運な市民に対してはできるだけの補償をすると公言し実行した。


筆者が営業部長を務めていたBMCCは天安門広場から北京飛行場に向かう道路のほぼ中間の一六KM離れた地点に所在しており、戒厳令の外側であったため、操業が可能であった。

北京の電子工業地域にあり五月中旬以降は周辺の工場群は殆ど休業状態にあった。工場が当初予定の二四カ月を二カ月短縮して四月以降試生産を始め、約五〇〇名の従業員は天安門広場の情況を危惧して工場付近の宿舎に泊めていた。

六月三日は土曜日であったが、二年の歳月をかけて準備してきた正式生産の第一号合格品が製造され関係者一同が大喜びした。

中国人の人事部長は朝会で「我々がカラーブラウン管を製造するのも愛国的な行為である」と表明した。

六月五日の出勤率は九〇％を超え、正式稼働した。昼過ぎに本部受付の女性社員が市内より六時間徒歩で泣きながら到着した。バスも無く自転車も使えずひたすら歩いて自分が働く職場へ辿り着いたという創業時のエピソードであった。

日本大使館からは通達が回覧され「不要不急」の日本人は日航が特別便を出すので早急に帰国するようにという内容であった。

蜷川総経理と筆者は大使館に駆け付け、久保田公使に松下幸之助と鄧小平が約束したプロジェクトが今三六名いる日本人が帰ると大きな損失を被ることを訴えた。

久保田公使は「松下さんの件は、本国の外務省にも報告しており「要にして急である」ので残って仕事を続けていただいて結構です」と明確に返答していただいた。

中国側のパートナーも今回の事件は日本人を敵視しているものではなく、日本人のスタッフの生命は我々が命を賭けて守るのでぜひとも残ってほしいと強く要望された。三六人の半数は松下のスタッフで半数は立ち上がり時であるので設備の稼働をチェックする関係設備会社の技術者であった。日本から国際電話で「お父さん、危ないから帰って！」という声も数多くあり日本の本社とも緊密な連絡をとって迷ったが、中国側より派遣された張仲文副総経理が現場にいる日本人全員の前で熱弁を振るいＢＭＣＣ設立の意義とこれまでの事前準備及び合弁契約の規定に従い、何としても始まったばかりの生産を止めてはならないことを訴え、共感を得た。

戦車の前に立つ市民の姿がＣＮＮの映像で世界中に流れ「民主化の為に抵抗する」イメージや新聞報道が反政府情報を流す中で、日本の本社も苦悩した。

「アメリカで中国政府に味方して民主化運動を妨害するパナソニック製品の不買運動が起こるかもしれない」とのデマも出てきて、アメリカ政府に確認すると「ブッシュ大統領は中国を孤立化させることは望まないので、パナソニックはあまり目だつことのないよう粛々と仕事をしてほしい」との見解が伝えられた。

日本の本社は「松下電器は死の商人」という右翼の中傷にも悩まされたが、最終的にはトップ決裁で継続して生産活動を継続することを了解した。

当時北京市の呉儀副市長（女性）は工業担当であり、水、電気、ガスの供給を保証していただき、工場に現れては作業帽をかぶり現場視察をされた。

後に対外経済貿易部の大臣を経て副総理に昇進された。清廉潔白で仕事の虫であり、当時から尊敬していた指導者であった。


国内の殆どの工場が稼働していない状態での中でＢＭＣＣは事業計画の通り生産活動を行うことができ、日本人スタッフと従業員の関係も良くなり、「同舟共済―同じ舟に乗って一緒に漕ぐ」という言葉通り全員経営を実現した。七月からは得意先のテレビ工場に納入することが可能になった。

ＢＭＣＣはその後二一年間非常に順調な経営を進め、カラーブラウン管が液晶パネルに変わるまで、目標とした「国際競争力を有する合弁会社のモデル企業」となる功績を上げて、北京市側に引き継ぎ高級病院、映画作製スタジオ、会議場、芸術工芸品製造等を行うサービス産業に転化し、雇用を確保している。

しかし中国経済が低迷して混乱した時期、ＢＭＣＣの奮闘は極めてまれな外資系企業の成功例であった。

八八年から九一年まで三年連続のハイパーインフレと失業の増大に加え、六・四事件以降の先進国の各種制裁に起因して対中投資と貿易が低迷したことにより、経済成長は絶望的な状態になってしまった。

孫平化中日友好協会第三代会長

筆者は北京日本人商工会議の会議で、中日友好協会の孫平化会長が壇上に立ち「歴史を鑑とし、未来を開く精神で中国の経済発展に協力してほしい。現在直面している状態が続くと、生活困難に陥った数十万人の難民が日本に押し掛ける恐れもあり、制裁の解除と対中投資を増大するよう支援してほしい」と切々と訴えられた。

同様な趣旨を鄧小平もシンガポールのリーク

アンユウ総理に電話し、アジアの華僑に呼び掛けて貿易振興と対中投資を促進してほしいと要望している。

それに応えてリークアンユウ総理は世界中の華僑企業家に声をかけ、一九九二年シンガポールで「第一回世界華商大会」を開催し、対中投資と貿易振興を促進するよう声明を出し支援した。

「自分も同じような事が起ったら鄧小平と同じようにしたであろう」と述べている。

その時のリー・クワンユーの基調演説は次の三点であった。

① 倹約、刻苦勉励、教育重視、仲間の信頼と相互扶助が軸となっている。中華文化の中核的価値観が華人企業家を成功に導いたものである。

② この価値観を共有している中国を鼓舞し、経済発展を強力に支援することで混乱回避の手助けは可能。

③ 華人企業家と中国市場の交流を重ねることで中国の「自然演変」は可能。

この「自然演変」という表現が北京で李鵬総理を初めとする中央幹部から異論が出たようであるが六・四事件を挟み、民主化問題で経済制裁を受け、低迷を続ける中国にとっては華僑資本を初めとする外資導入の積極化は火急の要件であった。

その後二年ごとに場所を変え世界華商大会が開催されており、グローバルに活躍する華僑企業家の祖国とのビジネス振興を話し合うする格好のプラットフォームになっている。

シンガポール　Lee Kuan Yew（李光耀）首相（当時）

（3）朱鎔基の成人までの成長経緯

この改革開放政策推進が頓挫しかけた危機状況を切り抜けるために敢然と登場したのが一九八八年より一九九一年上海市市長で党書記を務めて、着々と成果を上げていた朱鎔基である。特に朱鎔基が一九八九年六四天安門事件で世界から孤立した時に上海の混乱を平和裏に解決し、浦東開発を始動させ、鄧小平に「経済の分かる男であり、上海での数々の実績も積んでおり、これからさらに改革開放政策をたくましく推進できる男」と見込まれ、三段跳びで一九九一年より一九九八年までは国務院副総理、一九九八年より二〇〇三年まで国務院総理として、社会主義市場経済の驚異的な経済成長を実現した。

正に孟子が述べた「天が数々の試練を与え、其れを克服してきて、大任を与える」という言葉が実現されたものであった。

中国の改革開放政策に命がけで取り組み高度経済成長に導いた、救世主とも評価すべき朱鎔基の生涯をたどっていくこととする。

朱鎔基は一九二八年一〇月二二日早朝に出生した。卯年のことであった。

生家は湖南省の首都長沙〈別称・星城〉の郊外に所在する湖南湘陰県安沙郷にあった。

湖南省は日本でいえば「幕末の長州や薩摩」を連想する愛国政治家を生んだ土地柄に似ている。長州（山口県）の吉田松陰、高杉晋作等を筆頭にして中国が欧米列強に植民地化されている実態に危機感を持ち明治維新をやりとげた。例え京都や東京から遠く離れていても多くの愛国者が政治の中枢を担った。

二〇一六年文芸春秋誌一一月号で柿崎明二氏が次のような興味深い記事を紹介している。「一八六八年明治維新のルーツが長州であることを誇りとしている安倍晋三総理は「私も山口県出身の総理大臣八人目ということでございます。明治維新五〇年目は寺内正毅さん、一〇〇年目が佐藤栄作さん、とにかく私が頑張って二〇一八年まで行けばこれも山口県出身の安倍晋三ということになるわけでありまして維新回天の事業を成し遂げた山口県出身の総理大臣として恥ずかしくない、実績を残していきたい、こう静かに決意をしております」と述べている。

湖南あたりは春秋時代から「楚」と呼ばれていた。そして省都—長沙にある岳麓書院入り口には「楚に人材有り」という扁額が誇らしげにかかげられている。楚王の項王、国を憂いて汨羅で入水自殺した文学者屈原や北宋の政治家朱熹、近代では、太平天国の乱を治め近代工業に着手した曾国藩を上げることができる。

一九〇五年孫文の呼びかけで革命を志す為に東京で「中国革命同盟会」が結成された。湖南派の「華興会」は黄興が代表し、広東派の「興中会」、「淅江派」の光復会が集結した。

黄興は身長は低いがどっしりとした体躯と大人的な風貌が宮崎滔天や犬養毅（後の総理）等の知り

合った日本人からは「中国の西郷隆盛」と呼ばれ「その信望は孫文を凌ぐ」と評せられた。現在も黄興の記念堂が長沙市の繁華街に在り、長沙人の誇りとなっている。

日清戦争に敗北した清朝政府は一千年の伝統を誇る「科挙制度」を廃止し、同時に海外への留学を奨励した。洋務派官僚として「四代目名臣」として湖南一帯の都督（知事）を務める張之洞は「勧学篇」を現わし日本への留学を督励した。

「日本とは距離も近く、費用も安い。文化習慣が近く、西洋の知識が学べる。日本留学は湖南が最も多く、江蘇、浙江、広東等が続いた。

一九二一年、作家の芥川龍之介は中国の旅に出る。上海から揚子江を遡行し湖南省を目指した。それまではあまり気乗りのしなかった芥川は、湖南省に近くなると高揚感を抑えきれず、大意、以下のように書いた。

「広東生まれの孫文を除けば、めぼしい支那の革命家、黄興、蔡鍔、宋教仁らはいずれも湖南に生まれている。

張之洞や曽国藩の感化によったものであろう。その感化を説明するためにはやはり湖南の民の負けん気の強いところも考えねばならぬ」（芥川龍之介〈湖南の扇〉より）

確かに湖南の民の気性の激しさと剛健実直な気風は二〇世紀に入って、黄興に始まり毛沢東、劉少奇に続き朱鎔基に繋がる系譜に代表される。民衆のレベルでも六・四天安門事件の際、北京、上海と同様激しいデモ活動が発生したし、近くは二〇一二年の反日デモ騒乱では日系企業の模範的代表格である百貨店経営の平和堂が荒らされたことは日本人を震撼させた生々しい記憶に残した。被害を受けた平和堂は復旧して再開店した日「二カ月間皆様にご迷惑をかけました」と垂れ幕を出し、日本の近江商人の心意気を示した。

湖南より出身した毛沢東は北京に行き、日本留学から帰国し北京大学の教授になっていた楊昌済（長沙出身）に師事し哲学と教育理論を学んだ。

大長征を終えた後、毛沢東は米人記者のエドガースノーに語っている。

「日本留学から帰った北京の学者にいろいろ教えられた。彼は嘉納治五郎という教育者を尊敬している」

悲劇の二代目主席劉少奇も共産主義青年団出身の胡耀邦、国歌の作詞者田漢も湖南の出身である。

朱鎔基はその湖南省長沙が生んだ逸材である。

厳密に言うと朱家は元々長沙市の市民ではなく、湖南湘陰県安沙郷の家系であった。

朱家の家系の安沙郷は代々晴耕雨読の伝統があり、朱鎔基の祖父は、勉学に励み科挙の挙人の試験に合格し、先に県の記録係に従事し、その後遠方で数年県知事を務め、最終的には河南省で食料税収を専門的に管理する役職に就いた。

二〇世紀初、まさに中国のインテリが目覚め始め、西側の真理を探し求める時代になった。戊戌の変法、六君子の遭難等の事件が勃発し、湖南の譚嗣同が湖南と全国に与える影響は多大なものがあった。

朱鎔基の祖父は賢い人であり、世情がすでに変化している事を予知し、数十畝の良田を持っていたけれども、小作料に頼って隠居生活を過ごすのもまた難しく、長沙市に移転することにした。ちょうど役人をしていた時に貯金も少し残っており、長沙市の南側に三棟の建物と庭のある屋敷を買った。彼は行政の監察役を務めたことにより、自然に長沙の役人や読書人など上流階級に読書人の家柄とみなされた。

朱鎔基の祖父は清末最後の科挙試験の最高位であった「状元」であり、「実業救国」を提唱し揚子江北側の南通に紡織産業で大成功を収め、鉄道や学校や病院等社会事業にも大きな貢献をした張謇の影響を受け、自分自身は白ら体験し実行することができないけれども、二人の息子……朱鎔基の伯父朱学方と父親の朱希聖がこの影響を受けて事業経営をさせたかったが、二人ともその意思はなく志向は理化及び農業等に興味があった。朱学方は農科を学び、野菜を育てる研究作業に従事することになった。

当時長沙市の規模はあまり大きくなく東西約一六〇〇メートル、南北約二九〇〇メートルの広さであり「南門が北門に至るには七里三分」と言われており、散在する人家は数千軒のみであり、市の南にある朱家のことを言うと知らない人はなく、互いに気脈を通じ会い、読書人もまた多かった。

二〇世紀初に長沙市に引越してきた朱家は富貴の屋敷ではなかったが、読書人の家とも評されていた。

長沙市南区は文化的な雰囲気が濃厚であり、一一一六年に建てられた城南書院は朱家から近い場所にあった。城南書院は南宋の著名な理学者張軾が建て、当時長沙城南の有名な理学巨匠朱熹が取り仕切った岳麓書院も同じく有名であった。

岳麓書院の裏山に唐代の詩人杜牧の〈山行〉「遠く寒山に上れば石径斜めなり　白雲生ずる処人家あり　車を停めて坐（そぞろ）に愛す楓林の晩　霜葉は二月の花より紅いなり」という名吟を残した亭屋が今も残されている。

一九二八年一〇月二日早朝、朱鎔基が呱々の声を上げて誕生した。母親は父が亡くなった後生まれてきたこの子が朱家の後継ぎと将来の希望を託してくれると思い、新生児を「長庚」と呼んだ。長命と学問に秀でることを願った。別途一族の系譜より「鎔基」と命名した。その母親も朱鎔基が一〇歳の時に早逝してしまった。そこで伯父の朱学方は両親を亡くした孤児の面倒を見る重責を背負った。朱学方は長沙の一企業で事務職の仕事を担当していたが給料は安く、先祖が残してくれた田地の小作委託収入で家計を維持していたが五人の子供と甥の学費を工面するには極めて困難であった。

朱鎔基の幼少時期は父母の愛情をうけることもできず、玩具も無く、孤独で寂しい幼児生活を送った。

しかし伯父の朱学方は語った……「彼は幼少の時から聞き分けがよく、勉強好きで本を読むことを楽しみにしていた。

私は彼に啓蒙的な教育をして、〈三字経〉、〈百家姓〉は非常に早く朗々と読み上げることができ、一字も間違えることが無かった。少し大きくなると、又彼に〈論語〉、〈孟子〉等を読ませた。暗唱するだけではなく意味の解釈もできた。習字も又少しもいい加減なことはせずきちんと書き、先に隷書、後に楷書を練習し、精神を集中した。今に至るも魏碑風を帯びた良い字を書くことができるのは、幼少時の修練の基礎があったからだ」

朱学方はさらに語る、「朱鎔基は子供の時からでたらめを言うことをきらった。人と合わない時にはよくけんかしていた。小学校入学後は授業の後、一番好きなことは小説を読むことであり、記憶力は極めて強かった。〈水滸伝〉の一部等はその筋書きをしっかり暗記することができ、合わせて三六人の主人公、七二人の地主のあだ名をいちいち暗唱し、常々家族をびっくりさせた。年輩の人がくれる小遣いを、彼はほとんど書物を買うことに使った。

一九三七年「七七」事変が起こり、全面的な日中戦争となり、中国南部の長沙もまた非常に早く戦争の陰影に覆われた。国民党政府は、一九三八年四月二日決議を行い、国立長沙臨時大学を華北淪陥区から撤退した三か所の有名大学（北京大学、清華大学、南開大学）と合体して西南連合大学に改組した。一時長沙郷（市）内には数千人の優秀な学生が疎開してきた。

彼らは皆中国の有名大学の学生であり、それぞれがすべて厳格な試験に合格した優秀な人材である。このような大学に合格することができるのは、あたかも清朝の科挙制度の「挙人」、「進士」に挑戦するため試験場に現れたようなものであるということであった。

子供の朱鎔基はしばしば長沙の街道を笑いながら行き来する避難学生に尊敬と憧憬のまなざしで見ながら、心中清華大、北京大、南開大の名前を銘記した。

しかしこの盛況はすぐに日本軍の飛行機の爆撃と進軍によって消失してしまった。

一九三八年一一月一一日、湖南北方の重鎮岳陽が陥落し、日本軍の師団は長沙に接近し、城（市）内は狼狽の極に達した。国民党は「焦土政策」を実行し、一一月一二日深夜大火が長沙市を焼いて破壊した。これは歴史的には「文夕大火」と呼ばれる。

全市住民の死傷者は二万人、家屋はほとんどが焼け落ち、朱家の祖父の時代から住んでいた家もまた大きな損害にあっていた。幸いにも全家族は老いも若きも安全な田舎の安沙郷に疎開した。

筆者は一九四〇年生まれで四～五歳の頃、アメリカ軍の日本内地への空爆が激しくなった。父親がニューギニアへ出兵しており母親と神戸に住んでいたが、空襲が激しくなり母親に手を取られて避難帽をかぶされ、汽車に乗り祖父母の住む広島県竹原市に疎開する時、グラマン機に銃撃されたことを忘れることができない。神戸に引き返すと夜中明かりは無く、あたり一面が焼け落ちていた。日本中、世界文化遺産のある奈良、京都を除き東京、名古屋、大阪を初めとしてほとんどの大中都市が広島、長崎に原爆が落とされるまで、毎日のように焼き尽くされた。子供心にこれからどうなるのか大変心配した。

「文夕大火」の時、朱鎔基は一〇歳であったが、国民党軍が長沙を焼いたとしても、原因は日本の侵略であり、反日感情が強くなったことは察するに余りある。しかし一九八〇年初めて来日して以来二〇一〇年総理として六回目の来日をされるまで一度も日本の批判をすることは無く「歴史を鏡とし、未来に向かう」ことを原則として、それまで両国間に結ばれた三件の合意文書①日中共同声明、②日中平和友好条約、③「日中パートナーシップ」に基づいて（後に④戦略的互恵関係が加えられる）粛々と良好な関係を積み上げていくを念願していると述べているが、ジャーナリストの築紫哲也には「自分は日本に好意的すぎると批判されることが多い」と内々にぼやいた由である。

一九四一年夏、戦乱の中で朱鎔基は崇徳小学校を卒業し、特に優れた成績で私立の名門広益中学校に合格した。朱鎔基は勤勉に学ぶことを好み、成績は跳びぬけて優秀であった。中学校の卒業試験では十一科目中七科目が満点で席次は一番であった。操行も共に甲等であった。

一九四四年戦争の影響で、朱鎔基は広益中学卒業後、長沙西南約二〇〇キロメートル離れた洞口八中高等部に合格して入学した。

一〇数歳にして初めて家人と遠く離れて一人だけですべてをやりくりしなければならなかった。混乱した環境が朱鎔基に万事を熟考する習慣と自主自律、謹厳実直な性格を養成させた。しかし戦争が彼にもたらした苦難と衝撃もまた終生忘れ難いことであった。

抗戦が勝利した後の一九四五年夏、朱鎔基は又好成績で湖南省立一高に合格した。

湖南一高は湖南全体で第一の有名高校であり、学生は皆一〇〇人に一人というほどの得難い優等生であった。

湖南省立一高は国立校であり、少数の数名に奨学金を設けており、学業優秀であり、家庭環境が困難な学生を奨励するためであった。朱鎔基は高校時代に社会の世情と家中の財政が逼迫していることをすでにはっきりと知っており、そのために頑張って勉強に励んだ。文理両科とも際立った成績を上げ、毎年学校の奨学金を獲得することができた。

朱鎔基の国文と英語の答案は常に模範文として展覧、回覧され、褒賞を与えられた。

彼はさらに円周率を小数点三〇数桁まで暗唱するほど、記憶力はずば抜けており周囲をびっくりさせた。校長は度々朱家を訪問し、この有名な全校一の秀才を「湘の千里をかける若駒である！」と褒めたたえた。

朱鎔基は子供の頃から読書に夢中になっていた。授業が終わった後、最大の趣味は小説を読むことであった。最初は芸事や薬を売って歩く義侠小説が主であり、〈水滸伝〉、〈七侠五義〉、〈小五義〉、〈施公案〉等であった。この種の小説が描写しているのは中国人の心の中で信頼を重んじ、義侠を重視し、社会の不平等を打倒するために敢然と水火を辞さず、身を捨てて義を行う好漢である。

梁山泊の英雄好漢、施公、包公等は民のために悪を除く清官のイメージで父母の愛情が欠如している孤独な魂を深々と揺さぶった。

高等学校に進むと、読書範囲はだんだん広がった。〈三国志〉、〈紅楼夢〉、〈西廂記〉等の古典小説だけではなく、更に三〇年代の左翼文学……巴金、魯迅、老舎、茅盾、沈従文等の小説、曹禺の演劇、聞一多の詩を愛読し、すべて朱鎔基が好み、愛読したものであった。

巴金、魯迅と朱鎔基とは同様にそれぞれが没落した読書人の出身であった。

巴金の小説と魯迅の批判精神が充満した散文はいずれも深く封建的大家庭及びインテリが新旧社会交替時期の途惑いを深く突っ込んで描き、どうしようもなく没落していく非情さと国家社会の病状の本質を浮き彫りにしていた。

これらの左翼作品は少年朱鎔基の心中に封建儀礼や、伝統、現存しているすべての体制の激情を湧き起こし、救国救民、民族の尊厳回復を深く意識させた。

朱鎔基はさらに高校時代に多くのロシアとヨーロッパ文学の大文豪の作品を読んだ。

特に〈巌窟王〉〈赤と黒〉〈ジャン・クリストフ〉等であり、ともに彼は手放さず、一気に完読した。これらの主人公は何度挫折しても砕けない奮闘精神及び真理と自由の精神を植え付けた。

これらの書物の主人公はその思想と人格の形成に対して触媒的な作用を果たし、後に彼が中国共産党の指導する学生連合会に加入する要因になった。後に朱鎔基は素直に述べている……「私個人の成長過程で、多くの文学作品の影響を受け、私を革命の道に進めさせ、革命を堅持させてくれた」

文学と詩詞の源は、叔父朱学方の影響を受け、年少の時から京劇が好きであった。

家で伯父と京劇を趣味とする友人達が一緒に演奏するのを聴いているうちに、知らず知らずのうちに、先生なしに自習した。彼は理解力が大変良く、二胡を弾くことができるだけでなく、扮装して舞台に登場し唄うこともできた。

中学時代の同窓である周継渓は洞口の国立八高の親友である労特夫の妹労安を朱鎔基に紹介した。

労安の生家は老舗の「九芝堂」という薬品業を営んでおり、筆者も二〇一六年一〇月機会が有り訪問し中医薬を買ったが、チエーン店を有し繁盛している。

この紹介が実を結び、朱鎔基と労安の間で信頼関係ができて相思相愛となり、その後二人は年代は異なるが清華大学を卒業し、手を携えて数十年風雨を共にし、激しい外部世界の変動にもかかわらず、家庭では二人の子女にも恵まれ和やかな家庭を持つことができるようになる。

一九四七年夏、朱鎔基は湖南省立一高を優秀な席次で卒業した。同年、朱学方の子も高校を卒業し、また大学進学の準備をしていた。

朱学方は心から喜び、あちこちで一子一甥の入学試験と入学費用の工面をし、親族朋友から寄付金を調達した。

従兄は農業学であったが、名利地位に無欲であったので、自然科学を習得することを目指した。朱鎔基は「抗日戦争が勝利して、国家は建設をする才能を必要としており、発展性がある二〇世紀の科学工学は民の食であり、国の基本であり、やはり工学を学ぶことが良い」ときっぱり理工系を受験することを決意した。

そこで朱鎔基は二箇所の大学に入学試験の出願をした……一箇所はドイツ人が創立した土木建設を主とする上海同済大学であり、もう一箇所は少年時代からあこがれてやまなかったアメリカ系の清華大学であり、専攻は電機工学系電機製造であった。朱学方はそれを聴いて心から喜んで、荷物を点検して、二人が上海の試験場に出発するのを見送った。朱鎔基は初めての遠出で、行き先が又奢侈で華美な外国人の居留地上海であり、朱学方は欠かすことなく丁寧に試験が一番大切であり、決して間違ったことをしてはならないと注意した。

朱鎔基はしっかりと覚悟し、「三回の試験」を終え、すぐに従兄と長沙へ引き返し試験結果の通知を待った。間もなく、速報が伝えられ、兄弟共々合格した。このニュースはしばらくの間四方八方で評判になった。

朱鎔基は南北二箇所の有名大学に合格して、ほっとしたが、何らためらわずに清華大学を選択した。清華大学の名声は響き渡っており、授業料も安かった。これは心から清華にあこがれて久しく、勉学の志は高く意気は盛んであったが経済的には窮迫している朱鎔基にとっては非常に自然な選択でもあった。

彼は意気高らかに北京に到着し、自分の青春の理想を実現するために慎重で慎み深かった。清華園には全国の一流の学生が集まり、教授陣はすべて海内外で著名な厳しい有名人達であった。大学の理念は自強不息―絶えず自分を向上させようと努力する自律と自己啓発を要求されたが、おおらかな自由な雰囲気も濃厚であり、良い成績を収めれさえ出きれば、奨学金を得ることができた。

この長沙からの青年は早くも頼もしい優等生になり朱鎔基は学校の奨学金を獲得した。はるか彼方の長沙にいる朱学方は重責を果たしたとほっとし、朱家の後継者ができたことを喜んだ。

しかし、古都北平城（市）は次々と変化する政治風雲がこの本来机に顔をうずめている青年に窓の外の出来事について数々の情報を聞かせることになってきていた。

抗日戦争勝利後、国内外の平和を要求する大きな変化を前に、国共両党は一九四五年一一月、〈双十停戦協定〉に調印した。しかしながら、墨跡がまだ乾かぬうちに、国共内戦が又起こった。八年抗戦した中国の大地に烽火が再燃した。

当時軍事戦場ではなお守勢にあった共産党は国民党政府が統治している支配力を弱体化するために国民党が統治する第二戦線において、学生、労働者の政治運動と社会的有名人の共同戦線を強化した。この為、北方は北京を中心とし、南方は上海を中心とする第二ラインを組織化した。北方は国共合作時に国民党が統治していた共産党白区の指導者劉少奇が責任者となり、前後し彭真、劉仁、蒋南翔等が中華全国学生連合会（略称、学連）を中心とする都市活動を指揮した。

南方は統一戦線の達人周恩来が陣頭指揮を行い、一九四六年四月に共産党中央直轄の上海局に於いて劉暁、劉長勝が正副書記に任じられ、呉学謙が学生運動を分担して管轄した。

当時毛沢東をトップとする共産党最高層の幹部たちは、アメリカの支持を勝ち取り、合わせて青年学生、社会知識分子の擁護を得るために新民主主義政治路線を提示した。リンカーンの民主、民権、民有、民治の四大民主とルーズベルト大統領の自由主義政策並びに「内戦反対、飢餓反対、民主平和を勝ち取る」という具体的な宣伝スローガンは十分に人心を克ち取るものであった。

この一連の民主化の政治路線とスローガンは成功した。

北平の清華、北京、燕京三大学の代表は共産党の指導する北京学生連合会の主体であった。

朱鎔基が入学した一九四七年は北平学生連合会は多数の学生や市民の注意を引き寄せ、全国に影響し、南京の国民政府を悩ませた。一九四七年五月二〇日、清華、北大、燕京等十一箇所の大学生七〇〇〇余人が市街に出た。「内戦反対、飢餓反対」の横幕を高く掲げ徴兵、徴糧料の停止を要求した。

時の警備司官の陳継承は蒋介石の指示を受け、武力を断行しデモ隊を駆逐しようとした。国民党の北平軍営主任、広西壮族系の指導者李宋仁と蒋介石の対立であったが、各人学の学長が直接李宋仁を説得し学生には武力を用いさせなかった。

後に李宋仁の不鎮圧政策は内線反対、飢餓反対の嵐を全国に巻き起こし、蒋介石を総統とする国民党統治地区でも重大な政治危機が発生した。

五月三日毛沢東は〈蒋介石政府は全国ですでに全国民に包囲されている〉という一文を発表した。「国内には二組の戦線が有り、蒋介石の進犯軍と人民解放軍の戦線で、これは第一組の戦線である。現在又第二組の戦線が出現した。これはすなわち偉大な正義の学生運動と蒋介石反動政府の間の先鋭な闘争である。学生運動のスローガンは飯を食べなければならない、平和でなければならない、自由でなければいけない、また飢餓反対、内戦反対、迫害反対……すべての社会の同情は学生側にあり、学生運動の高まりは、避けることのできないすべての国民運動の高まりである」

朱鎔基は入学後この強烈な雰囲気に囲まれながら、図書館の陳列棚に有る毛沢東の新民主主義論等の左翼書刊や、宿舎の中の穴倉で清華地下党が編集印刷している〈清華週刊〉を読み、清華園の中には進歩的学生が公開宣伝に近い形で存在していた。

敏感な朱鎔基ははっきりと「山雨欲来風満楼―事が起こるには必ず前兆が有る。一触即発のさま」の詩句を思い起こし、時代の変化を感じ取り、またひとりでに窓の外の出来事に関心を持たざるを得なかった。

結局、工学院の地下党員と秘密里に胸中を打ち明け説得され、入学後三か月も経たない朱鎔基はすぐ「平静」な勉強部屋を離れて、共産党の外部組織「新民主主義青年連盟」の盟員になった。しかし、朱鎔基はやはり学習を主として、ただ学習の余暇と課題終了後、やっと学生運動の活動に参加した。

一九四八年三月李宋仁は北平の軍営主任を辞職することが決定し、副総統に任命され南京に去り、北平の責任者はタカ派の陳継承にもどり、そこで全国を震駭させた「七五」弾圧事件が発生した。国共内戦で東北から北平へ学生が逃げて来て、「反剿民、用活民」の旗印を提げて市政府へ陳情し参議会へ請願にでかけた。

陳継承は学生を集中管理室に連れていき尋問した。学生達はこれを聴いて激怒し、事態は拡大して陳継承は上司の許可も得ず装甲部隊を崇文門の現場に派遣し、武力でデモ集団を追い払い、動乱責任者の指導者を逮捕した。崇文門で学生と衝突し掃射し五九人を倒した（死者一一人、負傷者四八人）。「七五」事件が発生し、全国各地の市民と学生の抗議デモ騒動が続発した。

蒋介石はやむを得ず陳継承の北平警備司令を免職させざるをえなくなった。

八月中旬、北平市特別刑事法廷は三〇〇余人の学生の逮捕を通知した。その中の五九人は清華大学の学生と学生運動の幹部であった。

朱鎔基は当時共産党の外郭組織に属する普通の学生運動家であり、七月五日事件の中で十分果敢な仕事をしたが、平時は懸命に学習する模範学生のイメージがあり、それ故にブラックリストにはまだ載っておらず、引き続き大学にとどまり学業を続けることができた。

共産党地下党主要幹部が清華園を撤退するにつれて、朱鎔基らは学生運動の中で検証されて積極分子とされ、第一線の学生運動幹部に選抜された。

一九四八年一一月、国共内戦の情勢に重大な変化が発生した。林彪が指揮した第四野戦部隊が遼瀋戦役で勝利、東北三省全域の支配権を逆転し、共産党の戦略基地になった。

中国共産党第二野戦部隊と第三野戦部隊は合併し一〇〇万人が淮海戦役に参戦し、共産党は戦略上すでに国民党に対して軍事優勢を占めることにより、北平と天津の両市も東北と華北も中共の大軍が挟み撃ちする包囲の中にあった。毛沢東は一九四八年一一月天津と張家口を軍事上両端として、中間の北平を囲む部署に中央本部を置いた。中国共産党中央華北局と北平市城後部は中央の指示に基づき、北平防衛の傅作義将軍に対し統一戦線活動を強化した。これと同時に、北平市都市工作部と学生委員会は教授や学生を動かして、共産党が提示した「北平問題を平和解決すること」という統一戦線の目標に合わせて、穏健な方法による当局への対決活動と都市防衛、学校防衛を行う運動を進めた。

当時中国共産党の北平市都市工作部に属する党員は二〇〇〇人余り、各界の中心的な活動家は二万人強であり「北平千年の文物古蹟を保存し、百万の人民の生活を守ろう」というスローガンの下に、積極的な請願デモを展開した。

朱鎔基は清華園が推挙した第一線学生として、一一月二四日ひそかに動き、清華大学の教師が参加する「衣食に事欠かない生存を求めよう」と五日間授業をボイコットし、加えて学校南遷に反対する護校運動に積極的に参加した。

一二月一五日、共産党の大軍が北京包囲圏網をせばめ、郊外の清華園はすでに林彪軍隊の勢力範囲になった。

一二月一八日、清華園西側校門には共産党一三兵団政治部主任劉道生が署名した「人民を安心させるための慰撫告示」が貼り出された。

一九四九年一月、国民党軍の溥作義は五〇万人の守城大軍が寝返りし降伏することを決定し、北平兵は戦わずして退いた。

北京大学長の胡適と清華大学長の梅貽琦等は中国で最初の米国留学生であったが、北平が「平和解放」前に飛行機で南京に入り、その後台湾に行った。

朱鎔基は一九四八年「七五」以降学生運動の中で、その精神と指導力の才能が大いに評価され、一九四九年中国共産党に加入することを許可され、中華人民共和国と同年齢の党員となった。

北平が平和解放後、毛沢東をトップとする中共高級幹部は河北平山県西柏坡から北平へ転地し、北平を首都とし北京と改名した。

一九四九年三月二三日、中国共産党の五巨頭……毛沢東、朱徳、劉少奇、周恩来、任弼時は中央機

関人員は、ジープ、トラックに分乗して移動し一行は涿州でしばらく休憩した後汽車に乗り換え、二五日朝清華園駅に到着した。

学生達はほのかに明るい曙の中で一行が駅からセダン型の自動車に乗るのを見た。

毛沢東が北京に到着したというニュースが伝わった。

朱鎔基は毛沢東の姿を見なかったが、しかし時世が変わる息吹を感じた。

紅旗が至るところでひるがえり、革命の歌と踊りが清華園の広場でも自由に唱い踊られて、かつて解放区に撤退した学生自治会の幹部も又意気洋々と大学に引き上げてきた。

朱鎔基はその時すでに清華学生自治会の幹部であり、やらなくてはならない非常に多くの政治宣伝活動と雑務をやらざるを得なかったが、しかし向学心の強い彼は主な精力をやはり学習に置いた。清華はなんといっても名門大学であり、清華の「学問と品行の規則」に基づき、学業の試験は非常に厳格であり、どの学生も毎週四〇余時間の科目があるばかりではなく、毎日大量の勉強と実験をしなければならず、その上頻繁に試験が有り英語は口頭試験、専業課は筆記試験があり、一週間に必ず何回か試験があり、教え終わるとすぐ試験となり学生の年末の成績は平時の試験の平均点数で評価された。試験で不合格科目が三科目以上のある者は再試験は認められず、留年とされた。

朱鎔基家の家庭経済は困難だった。叔父の朱学方はその時すでに彼の学費を負担する力が無く、彼は自分で解決せざるを得なかった。席次が上位にあることで学校の奨学金を勝ち取り、やっと学業を完了することができることになった。

このため、朱鎔基は必ずなすべき一連の学生自治会と党の活動以外は、常に「本の虫」精神で苦読し、宿舎が消灯するまでは書物を手放さなかった。実験をする時には、しばしば一人で実験室にもぐりこみ、すぐに結果を出した。

その頃一人の同級生が語っている……朱鎔基はその時既に党員になっており学生自治会の仕事は多かったが、しかし彼は授業を休んだことはなく、時には遠慮会釈なく勉強と実験に集中し、残った宿題は二日目にはは仕上げていた。

この痩せて背の高い湖南の青年は学習には夢中になっており、ぶっきらぼうであったが、人々に非常に深い印象を残した。

当時の同級生は口を揃えて語っている……清華大の学生は皆非常によく勉強し、資質も又一流であった。

但し、朱鎔基の席次はすべて三、四番以内で、ただ少数の優等生のみが得られる奨学金を得ることができた。

一九四九年一〇月一日、毛沢東主席が天安門上から　中華人民共和国の成立を宣言した。

毛沢東は政権を取った後すぐには社会主義には移行せず、資本主義を活用していく「新民主主義論」を唱えた。

第三勢力を引き込むためのアイデイアであり、これがあったからこそ、通貨の発行に精通した党外の経済専門家の協力を得られた。ところが五〇年代に入ると朝鮮戦争に参入して、ソ連邦の影響を受け急激な社会主義化を目指さざるを得なくなる。

一九五一年、清華学生自治会が改選されることになった。、工学院が党員を推薦することになり、朱鎔基が立候補した。

消息通の回想によると…朱鎔基は選挙大会において、必ず学生のため実践を重視し、新中国の教育と建設事業に努力するということであった。選挙の結果、赤（共産党員）であり専門家であるというイメージから多くの人は彼を支持したので当選し、学生自治会主席になった。

然しながら、その年朱鎔基は大学の四年生となり、授業量がかなり多くなった。交流電機、電機設計、電力輸送、交流電実験、発電所、電機工場設計、蒸気発電所、電気設計、通信実験、電器配電、原動機、電気回路、照明と測光等、これだけではなく、更に卒業論文も書かねばならなかった。

中国共産党は開国の初めに当たり、各種の上を下へと大騒動となり、社会の様々な制度の革新に果敢に取組み新たな社会制度作りが進められ、宣伝にたけた共産党各クラス幹部が全力を上げて取組んだ。多忙さは異常であった。「国民党は税金が多い、共産党は会議が多い」状態が続いた。大会は小会につながり、俗に言う学生自治会主席を担当する朱鎔基はとりもなおさず卒業の年であり、寸秒を争う生活であった。会議が終わると、興奮を引きずり懸命に歩いて宿舎か実験室に帰り学習と実験を続けた。北京は厳寒の地であり、北風が強く吹く時は又清貧な朱鎔基にとっては耐え忍び難い日々であった。

図書館と宿舎は時々暖房が効かず、彼はただ辛い物を食べ茶を飲むだけであり、中に綿入れの上着を着てゆきつ戻りつつそぞろ歩きし、身体を温めてから再び書物を読み字を書いた。朱鎔基はこうして卒業論文を書き上げて高い評価を得た。即ちそれほど忙しく又苦難な条件の下で完成したものであった。清華大学の党指導者と教授は共にこの力の限りを尽くして勉強した青年を敬意をこめて褒めたたえた。

一九五一年夏、朱鎔基は「人品学業共に優秀、政治への姿勢が積極的」という表彰状を以て中国最高学府の清華大学を卒業した。

（4）青年官僚エリートから反党右派への転落

抗日戦争が最終段階に入った時、ソ連は紅軍を中国東北三省の関東軍後方に派遣した。毛沢東は先に東北を占拠することを決定し、中国共産党は全国政権を奪取する戦略基地とするべく東北に、林彪、李富春、陳雲等の幹部が集結した。

一九四九年一一月、林彪が引きいた第四野戦軍が遼瀋戦役に勝利したことにより東北全体が戦略基地となって、第四野戦軍を二分してすべての主力が林彪に従い万里の長城より関内に入った。

当時東北三省は日本の長年にわたる建設作業と事業経営により、中国重工業の九割が集中していた。豊満水力発電所、鞍山の製鉄工場、撫順の石炭工場、瀋陽の機械工場、兵器工場、満州鉄道等…共産党が国内内戦で勝利して勝ち取った物資と施設であった。

このため、中国共産党中央東北局は統一生産と財政の「東北経済計画委員会」及び「東北財政経済委員会」の両機構で管理計画を推進し、東北境内で通用する単独の貨幣と切手は迅速に広まり東北都市の市内と地域郊外の秩序と工業、農業の生産を回復するのに貢献した。

一九五〇年六月六日、毛沢東は中南海懐仁堂において〈国家財政経済状況の基本的な好転を目指して努力する〉という報告を行った。その内容は「①土地改革の完成……②既存の商工業の合理的調整…③国家機構が必要とする経費の大幅節約」を最重点とすること。毛沢東が東北を例に上げ説明したのは「東北はすでに計画経済の建設を開始した」合わせて全国の開放区が東北をモデルとして、三年余りの期間内で国家財政経済状況の好転を図る」

一九五〇年一〇月、中国は志願軍を派遣して朝鮮戦争に参加することを決定した。東北は抗米援朝戦争の戦略基地になり、この大経済建設を推進する中で、急遽に大人数の知識分子と技術人員を必要とした。

一九四九年八月、時の東北財政経済委員会副主任李富春は五項目の優遇条件を提示した。「東北に来て専門家になりたいと志願すれば、東北の給料に照らし三分の一乗せる。もし特別優秀な場合はさらに賃上げすることができ、冬季の衣料費は前払いすることができ、また家族を養う金額を送金することができる。給料は東北に向かって出発した時から起算する。東北が必要とする専門家は、教授と科学技術者で、且つ思想も又進歩し、できるだけ新知識を吸収できる人。大学卒業者も又この通りである。」高崗は同意した。東北局と東北人民政府の政策が徹底するよう武衡等の指導者を先ず北京、上海等の地域へ派遣し募集活動を行った。

一九五一年七月、朱鎔基は清華大学を卒業し、ちょうど東北が緊急で多数の知識分子と技術幹部を必要とする機会にぶつかり、毅然として国家が最も必要とする場所へ行くことに決めた。東北は南方人の見方では天候が寒く、土地は凍り付いており、生活は無味乾燥の場所であり、ただ生活が苦しい人材は広東に飛び込みたいと願っていた。

朱鎔基は学問品行とも兼ね備えた清華大学の優等生であり、どこでもすぐに必要とする人材であったが、しかし朱鎔基は党と国家の必要に応じることができると考え、すぐに北国に飛んで行った。その上、朝鮮戦争の戦闘は激烈で、東北は隣国朝鮮の支援基地であるため、いつでもアメリカ軍の空爆と侵入が可能であり、危険な地域であった。朱鎔基の行動は大学の指導者と東北局組織の承諾と尊敬を受けた。

朱鎔基はこの意思決定を手紙で伯父の朱学方とフィアンセの労安に伝えた。

伯父は朱鎔基が何事も真剣に考え、押し通す性格であることを知っていたので、できれば北京等の大都市に留まることができることを望んだが、彼の選択にまかせた。

フィアンセの労安はひたすら朱鎔基が共和国の建設に献身するという勇壮な志と前途に人を引き付ける姿勢に感動した。同時に、労安も又朱鎔基の勧めもあって、長沙の教師の仕事を辞め、清華大学へ行き勉強することになった。

朱鎔基もまた労安が清華大学へ行き勉強したい願望を大学の指導者に伝え、大学も又支持することを表明してくれた。

一九五一年の秋、朱鎔基は簡単な荷物を用意し、単身で東北瀋陽に行き、直ちに東北人民政府工業部計画処生産計画室で仕事をすることになった。当時の中国共産党はすでにソ連一辺倒の国策を実行しており、東北は又親ソ学ソ一辺倒の先鋒であった。早くも一九四九年六月から七月まで高崗は劉少奇を団長とする中国共産党中央代表団に随行し、積極的に親ソの姿勢を示し、スターリンのご機嫌を取り結び、重宝がられた。

高崗は帰国後、農村ですぐにソ連式コルホーズの組織化を推し進め、工業生産面でも計画経済の指導を実施した。

朱鎔基は工業部計画処生産計画室の仕事の中で、まさしく計画経済の方式を用いて生産を指導した。

朱鎔基は単身で東北にやって来て、誠心誠意全力を尽くして仕事をし、しばらくするとソ連式国家計画経済の学習を通じて状況を詳しく知ることができ、非常に早く計画生産の報告様式の編制及び調整と運営の法則をつかんだ。

加えて朱鎔基の仕事は真剣で責任を負い、何事もアメリカ式の実務精神を理解した。下部組織の構成部門の生産進捗と実績はすべて見通しができており書いた文章はしっかりしており、発言も論理的であった。

朱鎔基が生産計画室に入って間もなく、その非凡な才能と努力がうわついたものではなく地に足がついたものであることが証明された。これらのことが東北工業生産の東方局副秘書長の馬洪が極めて高く評価した。馬洪は山西省定襄の人であり、一九三六年大学生時期に山西に於いて共産党外郭組織の抗日組織犠盟会（抗日救国犠牲同盟会）に参加した。犠盟会は白区（国民党の支配地）活動の指導者劉少奇の重要な拠点の一つであり、部下の大将薄一波が指導を担当し、馬洪は翌年即中国共産党に加入した。

一九三八年中共の根拠地延安に赴きマルクスレーニン学院で勉強した。一九四〇年延安で発行していた〈国際通訊〉雑誌編集を担当し、中国共産党の一員として政経理研究論者であった。

馬洪は転任命令を受け中国共産党中央東北局政策研究室主任になり主に中国社会主義工業化等の課題を研究していた。その才能と見識は高崗のめがねにかない、一九五二年初めに東北局指導メンバーに選ばれ政治経済方面の秘書になった。

馬洪の抜擢により、朱鎔基は一九五二年生産計画室副主任（副科長に属す）に昇格した。その上朱鎔基はその若く優秀であるとの名声が馬洪を通じて高崗、李富春等東北局のトップ　リーダーのところにまで伝わっていった。

新中国が建国されてすぐ、毛沢東、周恩来が相次いでモスクワに行き、〈中ソ友好同盟条約〉に調印して、中国に初歩的な工業の基礎を建設するためソ連に援助を求めた。

一九五〇年初ソ連はすぐに専門家を派遣し視察させ、東北には工業の基礎があることを認め、中国側が建設を求める自動車工場、鉄鋼センター、非鉄金属の採掘精錬はすべて重点的に東北に配置されていった。そこで東北は又一歩先行し、一九五〇年から間もなくソ連の専門家の受入れが開始され、ソ連式の計画経済の理論と方式を受入れ、具体的な経済と財政管理上に於いて国家計画経済を運用する指導が行われ、指令制調整が進められた。朱鎔基の工業部計画処生産計画室は、ソ連式計画経済の理論を受入れ実行するよう求めた。これまで捨てて顧りみなかった多くのことが始められようとしていた。緊急に正常な経済生産活動が求められる状況下で、上から下まで調整することを主とするソ連式指令制経済は中国共産党の軍隊幹部を指導する体制の性格、習慣とが相通ずるので、転換は比較的容易に受入れられ、初級段階に於いてはやはり相当な効果を上げた。

東北の幹部は、ほとんどが各地から派遣された共産党員であり、比較的文化知識と能力のある者であり、共産党政権が運用する計画経済の模範となった。

一九五二年初、中国共産党中央は周恩来、陳雲、薄一波、李富春、聶榮臻、宋劭文、六人を主とする第一期五ヵ年計画小組により全国で国家計画経済を主とする指導方針を実行した。習仲勲（習近平現首席実父）は国務院副総理に任じられ、文化教育を主管した。

この外、陳雲、薄一波も又副総理に任命され曾山、葉季壮と一緒に国務院に所属する財政、金融、貿易、に責任を負い、政治法制は劉少奇系統の要人である董必武、彭真、羅瑞卿が責任を負った。

毛沢東はこの一石二鳥の計を用いた、一つは地方の各大軍の政治委員会（東北を含む）直属の中国共産党中央が指導する地方局を改編して、幹部を中央の職責につけさせた。二つには入京の際に用いた大餅を分けて食べる策で、周恩来の権力を取り上げ、劉少奇の部分的な組織系統の権力を弱体化することであった。

しかし、北京に移動する幹部の中で、高崗が最も重要視され、権勢もまた最大であった。高崗の国家計画委員会は「経済内閣」とも称せられた。毛沢東の高崗に対する評価が非常に高かった事は一九三五年一〇月毛沢東が率いた七〇〇〇人の中央紅軍が高崗の指揮する陝北紅軍に救援され、長征中やっと確立した中央共産党軍の立場を延安に於いて確固としたものとした。

更に高崗と手をたずさえて王明をトップとする親ソ国際派に反撃し、中国共産党中央の指導権を固めた。

噂ではこのことを「山奥のマルクスレーニン主義が西洋のインクを飲んだマルクスレーニン主義に

打ち勝った。兵隊派が国際派をまかした」というものもでた。

高崗は兵隊派の中では比較的文化知識が豊かな方であった。彼は陝西楡林師範を卒業し、行政と組織について比較的レベルの高い才能を有していた。毛沢東は高崗が「登高望遠—高きに登り、遠方をじっと見つめ、大志を持ち、大事を行う人物である」と称賛している。特に東北の経済建設を計画としっかり実行した。中国共産党が政権を奪取し、アメリカに抵抗し朝鮮を支援する二大戦略任務を責任を以て担当した。毛沢東は高崗を使って「国際派」の周恩来と「白区派」のトップの劉少奇にプレッシャーをかけ、二人を選ばなかった。同時に共産党の経済建設を推進するに当たって、高崗を重用したことも又長期的なリスク回避対策であった。

一九五二年一一月正式に国家計画委員会の組織設立を公表した時、高崗の筆頭部下である馬洪が経済内閣で常務活動に責任を負う国家計画委員会副秘書長に就任した。

朱鎔基は中共高層幹部のこの新しい権力組織編成の中で、青年エリートとして馬洪に指名され北京に入り、国家計画委員会直属の燃動局綜合組組長に就任した。

地方の副課長クラスから中央直属の省の正課クラスに昇格したことは連続二級跳び昇格であった。一九五一年から一九五三年の間に、朱鎔基の公務員としての運勢は初めて三年連続昇格に恵まれた。

朱鎔基が北京へ上京できたのは明らかに二つの重要な原因があった。

一つは東北工業部計画処生産計画室の業務の中で成果を上げた才能と実績が、高崗と馬洪に認められたこと。

二つは元清華学運の幹部であり、清華学生会の主席で、北京に非常に多くの人間関係があり、新しい任務に有利であること。

北京に引き戻って、新「経済内閣」を担任し、創設者となり朱鎔基は興奮していた。別途彼を興奮させたニュースは…フィアンセの労安もまた一九五二年夏に研修生として清華大学電機学部に進学し電機製造を専攻の勉強することになり、再び彼の校友となった。二人は紅葉がだんだん濃く深かまった晩秋に、ついに久方ぶりに北京で会い、述べつくすことのできない青春の理想を語り合った。

朱鎔基が仕事を始めた時にはまだ労安に詳しい話をすることが出来なかったが、今では命令を受けて各地の工場や鉱山に赴き状況をより多く知ることができ、国家計画委員会の一九五三年第一四半期の作業要点及び構想の事前準備をしていた。

朱鎔基が担当する主要な作業は重工業部門に関連する五カ年基本建設プロジェクトと投資抑制であり、その中には五カ年内の労働力、特に技術者と技術作業員の必要量、及びどれだけの動力設備を導入するかという問題が含まれていた。

朱鎔基はすこしも休むことなく各地に行き、状況を掌握した後、国家計画委員会第一四半期業務報告の部分的な内容としてまとめた。その報告は高崗から毛沢東に提出された。毛沢東は一九五三年一月一五日の回答書で次のように述べた。

「私はすでに読んだ。非常に良いと考える。、これにより作業を進行することを許可する」

引き続き朱鎔基はすぐ正式に国家計画委員会が担当する国民経済第一期五カ年計画草案の作業に取りかかり責任を負った。当時中国共産党の力を傾注して、各部門の学者・専門家及び大学の学歴を有する政治的自覚が高く仕事のレベルも高い高級知識分子を首都に集め、共同で制定しソ連の専門家の指導の下に第一期五カ年計画の編成を共同して制定した。例えば共産党第三世代のトップになる江沢民は一九五三年初すぐに上海より引き抜かれ北京第一機械工業部に配属され、第一機械工業部の五年発展計画を制定し参画した。当時第一期五カ年計画の編成を責任をもって推進した主力部隊は国民党が大陸を支配していた時の主な国家資源委員会のメンバーであった。これらの人員は米国式の科学的な訓練を受けた高級経済管理者で、当時共産党が政権を奪取する前に周恩来系統の統一戦線工作により大陸に留まった人達であった。彼らは当時またソ連路線により国家をコントロールする経済システムに賛成していた。

朱鎔基は国家計画委員会の「国民党政府留用」者と一緒に仕事をした時、彼らの身辺から現代マクロ経済理論、概念を学び熟考し、又ソ連の専門家教授から計画経済のシステムを学ぶことができた。

正に五か年計画の編成が完成に近づいた時、中共の高層部でいわゆる「高饒事件」の権力闘争が起きた。一九三五年毛沢東は長征中奪い取った党と軍の部分的な指導権を掌握したがまだしっかり固まっていなかった。この為、毛沢東は高崗が陝北の男性的できっぱりとして道理により公平な判断をし、時期的に組織について先行着手していた高崗グループを丸め込むのには苦心した。特に高崗グループは東北の旧日本軍が残した重工業設備を利用して経済建設を進め、中国共産党が政権を奪取し、アメリカに対抗して朝鮮を支援する二大戦闘を担当してくれた。毛沢東は高崗を重用し、国際派の周恩来と白区派の劉少奇にプレシャーをかけたことも又長期的なリスク回避対策であった。

「高饒事件」とは一九五二年一月から一九五四年一月決着するまで二年強をかけ三段階に亘る壮絶な権力闘争であった。

これは高崗・饒漱石・林彪の紅区グループと劉少奇・周恩来・薄一波の白区グループとの対決であった。

毛沢東は明らかに劉少奇・周恩来の反抗に対して高崗を用いる方に傾き、東北組が劉少奇、周恩来の部分権力を分裂させ、高崗の経済内閣が周恩来を任命し国務院の業務範囲を宙ブラリンの組織にしてしまうように仕向けた。

しかし毛沢東は高崗がすでに大衆の怒りを巻き起こしてしまったことを見て、また劉少奇・周恩来勢力が朝野を圧倒していることを考慮し、やはり彼らに任せて天下を治めるべきであると認めざるを得ず、劉少奇・周恩来が高崗問題を解決する提案に同意した。

毛沢東は一九五四年一月に劉少奇に委託して中共七次四中全会を開催し、高崗に対する指示は「党内団結を強化すること」であり、「可能な限り当件に関してはいかなる同志も批判を避けること」であった。その本意は劉少奇・周恩来が高崗を批判することで、劉少奇・周恩来等の不満を慰め、即ちに事を収めることであった。以外にも劉少奇・周恩来の矢が手の中にあるうちに追いついて猛烈な勢いで攻撃しようとしている矢先に高崗が自殺してしまった。毛沢東が事の変化を目の当たりにし、態度を一変「高饒」を反党連盟として、その中央指導者としての権威を守った。

毛沢東の立場に変化が起こった後、饒漱石は鉄の鎖につながれて投獄された。

「高饒事件」は主には中国共産党高層部の権力と政策の紛争であったので、朱鎔基の良さを知り抜擢した馬洪は一蓮鐸生で粛清されたが、連座した多くの幹部は粛清されなかった。朱鎔基は若手の中級小幹部であったので影響は受けずにそのまま仕事についた。ただ「高饒事件」が突然発生し、その闘争の激烈さは東北の大衆が高らかに「高主席万歳！」と叫んでいた声が耳に残っていただけに朱鎔基にとっては大きな驚きであった。とりわけ恩師馬洪が粛清されたことは、記憶に一抹の陰影として残った。

一九五四年八月、中共書記処が国家計画委員会の党組織も国家計画委員会主任を李富春とする承認を行って、毛沢東は李富春を国務院副総理兼国家計画委員会主任として任命した。しかし李富春が主任となった国家計画委員会は高崗時代の勢いは無くなった。元々直接指導するいくつかの部はすでに周恩来の統括範囲となった。

国家計画委員会の職能は主には国民経済と社会発展……国家財政予算、国民経済と社会発展の戦略目標、中・長期規劃……マクロコントロールの幾つかの重大問題を研究分析し、産業政策、技術政策、分配政策と対外経済政策等の組織的に制定し、国土開発、利用、整備改修、保護の規劃、各省の計画委員会が相応の計画作業…人口研究、労働、文化、教育、衛生、体育、放送、観光、社会保険等の方針政策を組織的に促進すること、並びに実体経済との協調させ…計画体制計画案と実施方法を提出する、関連する綜合的な経済、技術法規並びに関連部門をうまく関連部門と執行貫徹を組織的に制定する。

李富春が国家計画委員会主任であった時、各省市計画委員会も成立したばかりで、彼らは計画業務の主要な作業方法があまりよくわかっていなかった。このような状況により、国家計画委員会は一九五四年九月から一〇月までと一九五五年一月から二月まで、前後二回全国計画会議を開催し、各省市が地方五カ年計劃制定するのを手伝い、合わせて主要指標に基づき全国と地方の全面的な調整、アレンジを行った。

要約し総括するために国家計画委員会は八つのグループの専業グループを設けた。農業、地方工業、国内商業、地方文化教育、地方財政、地方交通郵電、都市公共事業、労働給与の八グループである。

朱鎔基は各省市計画委員会の指導者と作業者の共同作業を通じて、彼らが計画委員会の指導活動を掌握し、具体的な経済計画の編成とコントロールの方法、手段について指導と手助けをするばかりではなく、同時にまた地方工業の状況、地方計画委員会の人員の作業能力等に対して、ほぼ全面的に掌握することができた。

朱鎔基の仕事ぶりが真面目で、総括能力が高く、文章作成能力がずば抜けているところから、地方工業専業グループは朱鎔基を代表として、李富春に報告書を提出した。

一九五五年一月、朱鎔基は初めて正式な場面で面談した。朱鎔基は湖南なまりの北京語で李富春に報告した。

投資方向から発展スピード、及び政策と施策等を簡明にして要領を得ている説明を行った。李富春は大変満足し、詳しく質問しながら、まさに目の前にいるこの部下が、かねてより聞いていた才知の優れた青年であり、湖南長沙の故郷李家と同じく長沙市内の読書人の家柄の出であることを思い、思わず心中一筋の愛情が生じ喜びの念が湧き出した。一週間後、朱鎔基が書いた地方工業グループの報告は、完全に要求に適合していると見なされ、李富春は受けとり、合わせて大会指導小組に於いて整理された後、中央に報告された。

一九五五年四月、共産党中央は李富春の第二次全国省・市計劃会議の総括報告と国家計画委員会の農業、地方工業等八件の専門課題報告書を認可した。並びに全国に印刷配布し、各地区、各部門が要求、指標に基づき達成する努力するよう要望した。

一九五六年、朱鎔基は常に国家計画委員会の指導或いは李富春により、いくつかの重要な公文書の起草に参加し、また命令を受けていくつかの難題を解決した。

一九五六年、朱鎔基は李富春により国家計画委員会主任弁公室副処長に抜擢され、李富春が日常事務作業を処理する際に公文書の起草、或いは計画編成等の作業に助力した。

朱鎔基の官職は一級昇格したが、依然として中堅幹部であった、しかし職位は重要な要（かなめ）であり、前途は有望視されていた。ただ朱鎔基は性格上事柄に厳格に対処し、公私を混同することなく、感情を理性に替え、人事上でも丸く収めるとか融通を効かせることはなく、それ故に同僚や部下の機嫌を損ねることも少なく無く、甚だしきは国家計画委員会の幾人かの指導者と省（市）の指導幹部に対しても同じであった。また「朱鎔基は若くして志を得て眼中に人は無いのだ」と罵る人もいた。五〇年代の中期、朱鎔基の官僚としての前途は順調であり、春の和やかな風のように事が運んでいた。

生活の上でも、時どきフィアンセの労安と会い一日長い間共に過ごし、湖南の家庭料理を作り、食べながら、互いに心を打ち明けて語り合った。「家庭」の優しくて芳しい味わいを身にしみて感じ取った。或いは学校の単位の事や、人生の喜びと憂鬱を話し合った。時には、朱鎔基はまた労安が学習上困っている事を解決するために手伝い、労安は朱鎔基の衣服の洗濯物に糊づけしたり、宿舎を整理したり朱鎔基の生活の面倒を手助けすることができた。

一九五六年の夏、労安は清華大学を卒業した。同年朱鎔基と労安のカップルは正式に結婚し家族になった。

朱鎔基の個人生活は、初めて綺麗なバラ色の色彩の様相を呈した。

一九五七年初、朱鎔基は国家計画委員会の指導者に部署を異動して、具体的な仕事に取り組みたいと願い出た。明らかに、科学を重視することに対し、朱鎔基は現実を直視する姿勢の人間なので「空対空」の公文書作りの仕事は、数字と華麗な字句の遊びであり、教条主義理論が積み重ねられているゲームであり、国家計画委員会主任弁公室は一つの大きな鳥籠のようであり、彼の仕事の熱情と理性の両翼を束縛していると感じた。まして、同僚の中で軽蔑的な目が歓迎する目より多い中でなおさらのことであり、一人の性格が剛直な青年としては針のむしろに座ったようであった。

李富春は才気煥発な同郷の子弟が事務室を去って往くのは非常に残念なことであったが、又朱鎔基の要求はよく理解できたので、すぐ朱鎔基を国家計画委員会機械局綜合処副所長に転任させることを許可した。機械局綜合処の主要な仕事は重工業部、軽紡工業部等の工業部門の機電、機械の需要に対して、物資均衡計劃、年度発展計画を作成し、上述部門が提出した生産計画と重大項目を審議し、合わせて上述部門の発展中の重大戦略問題を総合研究政策報告として提出した。

朱鎔基は新しい仕事に詳しく、好感を持ち、全力で取り組んだ。

彼は心の中で党と指導者に対して感激を抱き、党と指導者はやはり彼を理解してくれていると感じた。彼は共和国の建設と発展の為に自分が最大の努力をしなければならないと決意していた。

然しながら、上り調子の終わりの風がすでに巻き上がっており、中国共産党の政治の空に丁度雲が密集し一場の暴風が起ころうとしていた。

世界の政治情勢は一九五六年ソ連内部であばかれたスターリン個人の迷信的な機密報告とポーランド事件、ハンガリア人民の暴動の発生と制圧等、すべての社会主義体系は理論と実際上で未曾有の衝撃に遭遇した。中国の知識分子もまた建国以来の「革命」措置が正しかったか否かを注視していた。

一九五六年九月第八回党大会が開催され、ソ連東欧の変化と衝撃がこの大会でも反映された。

鄧小平、劉少奇が提携して制定した党章から、「毛沢東思想は我が党の全ての工作の指針である」などこの類の現代的迷信と個人崇拝の語句を削除していた。

同年一一月、劉少奇は第八期二中全会上で又強調した「我々の党及び我々の国家の指導機関と各級の指導者は、どうあっても工農労働群を離脱することがあってはならない。もし我々が不注意であれば、我々の国家と党の中で一種の新しい貴族階級層を生み出すことになる」

毛沢東は劉少奇の発言に対し賛成を表明した。毛は言った「劉少奇同志の話したように我々は一つの貴族階層になることができる。県委員会以上には数一〇万以上あり、命運は取りも直さず県委員会以上の手のうちにあり、もし我々がうまくやらねば、今日のように多くの同志が語った刻苦奮闘がなければ、我々はきっと打倒されるだろう」

毛沢東をトップとする中央は危機感をもった、一九五七年全民整風運動を行い、民主人士、知識分子と人民は中国共産党身辺の官僚主義、セクト主義、主観主義のゆがんだやり方や誤った風潮を整頓する手伝いをした。

一九五七年五月一日、毛沢東は〈人民日報〉を通じて全人民に整風運動を手伝うよう呼び掛け、並びに「百花斉放、百花争鳴」……「知は言わざるなし、言は尽きることなし……言うものは罪無し、聞くものは戒めるに足る……あればすぐにこれを改め、無ければすなわち一層努力する」、等の原則の下に、手助けをさせようと激励し批評した。

毛沢東、周恩来等中共各級の指導者の呼びかけと鼓吹の下に、民主人士と知識分子は続々と発言し、単刀直入に述べた。

代表的な発言を上げると次のようである。

元国民政府雲南省主席、民革中央副主任の龍雲は語った。「朝鮮戦争はソ連が北朝鮮に指示し引き起こしたものであり、逆に中国には抗米援朝に行かせ、その全ての戦費は中国に負担させた、このような事は公平で合理的なことか？　ソ連は東北に出兵し、二〇億ドルの価値を有する機器と物資を運び出し、今に至るも返されていない。これがどうして友好的な兄弟国家といえようか？」

また、民主人士全国政治協商会議の章伯鈞は「政協、人代、民主党派、人民団体は、政治的な企画をする機関であり、幾つかの政治的な基本事項は先ずこの機関に図らなければならない」と主張した。

民主人士で民革の陳銘枢は「中国は良い国であり。純朴な民情なのに、ソ連式の闘争を行い、三反五反運動で混乱させ、毎日反革命鎮圧に忙しく、もはや国家政治の体をなしていない」と断じた。

これらの知名人の発言は周辺と気脈を通じ、一九五七年五月一日より二週間高潮に達し、全国が中国共産党の執政八年の錯り、問題点を指摘する声が燎原の火の如く広がった。

この間、国務院各部門の党組織、党委員会もまた一連の会合を開催し、主な目的は党外人士の党整風を支援してもらうことであった。国家計画委員会も党委員会も座談会を開き、李富春がさらに自ら動員し、言いたい事を言ってくれと要望した。然しながら国家計画委員会の党外人士の発言者は積極的ではなかった。

朱鎔基は最初のうちは発言しなかった。会場がひっそりしてしまわないように、再三働きかけられ彼が党員幹部の先導的な働きをするよう要望された。

そこで、世渡りの経験が浅い熱血青年の朱鎔基は立ち上がって話をした。

国家計画委員会と地方省市の計画委員会の幾つかの指導者達が計画、予算を編成する際、往々にして真面目な調査研究がなされず、下からの報告と提出されたデータと実際の状況との相違が非常に多い。この種の主観主義の現状が丁度蔓延しつつあり、国家計画委員会の工作にかなり有害になっている。朱鎔基はさらに自ら調査して確認後、幾つかの問題を発見したことを説明し、論述を終えた。朱鎔基の三分間の発言は事実であり、矢を放ったようであり、完全に公正な考えから出たものであり、党の事業が健全に発展するためであり、参加者の共鳴を引き起こした。当時、朱鎔基の直言は指導者にも肯定され、党の整風を手助けする模範的率先行為であった。

然しながら、毛沢東をトップとする中共の高層幹部は整風を呼び掛けたのは元々問題のある人や他人に対して温和な態度の批判を聴くためのみであり、はからずも、現在反って自ら身を亡ぼすような道をたどってしまい、四面楚歌の中にいるような感覚になり、一変して「反右」をやることになった。

一九五七年五月一五日、毛沢東は党内幹部に向けて一篇の〈事情は正に変化を起こしている〉という題名の文章を発表した。意外にもこう述べた「最近、民主党派の中と大学の中で、右派の表現が最も断固としており、最もたけり狂っている。党内外の右派は弁証法を理解しておらず物事は発展して頂点に達すると必ず反対の方向に転じる。我々はさらに彼らがたけり狂う一つの時期がある、かれらを頂点に達せさせよう。彼らがたけり狂うほど我々にとっては益々有利になる。人々は言う「魚を釣るのを恐れる」、或いはこうも言う「敵を深み入るよう誘導し、集まればこれを殲滅する」

毛沢東はさらに鄧小平を反右派事務室主任に任命し、具体的な反右派部署に責任を負わせた。反右派運動は一九五七年六月から一九五八年四月まで一〇カ月間ずっと続けられ、より多くの右派を逮捕した。共産党と政府筋の数字によれば、中国共産党は五五万人の右派分子を逮捕したが、すべてが中国の知識精粋人層であった。

当然、実際に「右派」の待遇と迫害に遭遇した人数は、この数字をはるかに越えていた。中国では知識分子と科学技術者が欠如していた五〇年代、この事は中国の建設発展にどれほど巨大な損失であったことか！

多くの右派を逮捕する運動の初期に於いては朱鎔基の言論はまだ右派に繰り入れられなかったが、しかし運動の後期に重点が党内右派を逮捕することに転換された時に、平素性格が剛直であり、仕事の為に少なからぬ指導者と同僚の機嫌を損ねた朱鎔基も又災難に見舞われた。

朱鎔基の言論は、平素の表現が党の指導者、目的は無党の指導者と規律を非難し攻撃したのであるが、そのことが指摘された。「小ブルジョワジーの熱狂的な観点である相当ひどい修正主義思想がある」と批判された。

朱鎔基を最も苦しめたのは幾人かの国家計画委員会組織部門の人事記録を見る権利を有する批判者が、朱鎔基の祖父が清朝末期かつて行った事が暴露されたことであった。

彼が言うことには朱鎔基は封建搾取階級の孝行な子供と孫であり、投機的革命者であるとのこと。

この種の屍に鞭を打つ悪党を小さい時から見たこともない朱鎔基のその苦痛は耐えられず、弁明することも難しかった。

当時中央党内の高層は皆素人であり、指導者の玄人が反右闘争に関しては自分の権力であるがゆえに反右派運動の中で、中央工作の執行団で胡耀邦のような開明者を除き、すべて断固として実行することを顕示し、「温情主義」に大反対し底から掘り出すことを強調して情実を排し比例による数合わせをした。

国家計画委員会の李富春主任もまたこの種類の人間であった。朱鎔基を抜擢したことを撤回するために、朱鎔基の話の内容の正否を全て客観分析せず、また才能を好み、才能を愛し、同郷のよしみ等を顧みることができず、朱鎔基を右派に入れるか否かの党組織の討論会場で、李富春は「立場は動揺することなし」の右派に区別した。

一九五八年初、朱鎔基は国家計画委員会の反右弁公室により正式に「右派分子」の帽子をかぶせられた。反右弁公室は国家計画委員会党組織が党籍を剥奪することを要求した。国家計画委員会反右弁公室の指導者がこの決定を宣言した時に朱鎔基は男泣きし、涙を流しながら、自分がこれまでずっと反党ではなかったと弁明し続けた。

（5）帽子をかぶり顔を隠した寒い冬の歳月

朱鎔基は右派と決めつけられた後、元の職場に留まり一時期自己批判書を書き、大衆の批判を受けた。国家計画委員会党組織は朱鎔基が深く考えて書いた自己批判書を見て、平素の仕事が真面目で責任を負っていることと結び付け、また清華卒業の優等生であったこと、国家計画委員会の仕事の豊富な経験があり、最終的には落ち着き先は国家計画委員会の補習学校で教員に任じられ、改造利用対象になった。この決定は右派に転落した朱鎔基にとっては不幸中の幸いであった。反右運動以後、右派はすでに「政治賤民」になった。階級と階級闘争を重んじる共産党専制統治下で三反五反に継ぐもので、階級の敵を定める為の地（主）富（農）反（革命）壊（分子）の順番の第五号目の敵が右（派）であった。非常に多くの知識分子で、一九五七年後右派の帽子をかぶされた人達は強制分配され大西北の労働改造所か或いは荒涼たる山区で農村に送られ労働改造を受けさせられた。

これは一人の知識分子が愚昧な専政教育と改造を受けなければならず、その上身も心も残酷な労働と生活条件下で虐げられ、知識は老化し、退化した。かなり多くの人たちがやはり苦難の試練と政治圧迫に耐えきれず、人に知れず寂寞の中で命を失った。

朱鎔基は中国の政治文化の中心である北京の国家計画委員会に属する幹部補習学校で教員となり、やはり従前通り頭脳力労働を主とする仕事を続けることができ、時代と外界の限り有るニュースを受信することができ、自己の思惟力と知識を退化させず、進歩させることができ、肉体も又超強烈な労働で痛めつけられることにもならなかった。

朱鎔基は幹部補習学校に於いてはベテランであった。数理と英語を教える他、さらに〈ソ連政治経済学〉等も講義した。

彼の教科は受講者に大変好評であり、深く研究されたその解説は、わかり易く説明され、解説論拠が明確であり、教え方もまた非常に真面目であった。「尻尾を挟んで身を処する」的なポーズをして、仕事の中で改造を受け入れていた。

朱鎔基は勉強好きで、向上し進歩する人であり、時を忘れ自分の知識を充実させていった。教えることを利用して、彼は図書館から多数の教授用の参考書を借りて、この期間彼はマルクスの〈資本論〉及びマルクスに関連する政経論書を読むだけでなく、同時に系統的に古典経済学と現代の経済学者の著作を通読した。たとえばアダム・スミスの〈国富論〉、ダニエル・リカードの〈政治経済学及び賦税の原理〉、シスモンデイの〈政治経済学新原理〉セイの〈政治経済学概論〉、マルサスの〈人口論〉〈経済学原理〉、クラークの〈富の分配〉、マーシャルの〈経済学原理〉、張伯倫の〈独占的競争原理〉等であった。

外国の著作を読むだけでなく、朱鎔基はさらに中国の伝統的経済の著作、たとえば〈尚書・禹貢〉、〈管子・軽重〉、〈史記・貨殖列伝〉、〈漢書・食貨志〉、〈塩鉄論〉等をざっと研究した。

しかしながら、朱鎔基が最も努力して勉強したのははマルクスの〈資本論〉であり、ケインズの、

〈就業利息と貨幣通論〉、ケインズ学派のハンソンの〈経済政策と適切な就労〉等の著作であり、中国の現状、中国共産党の経済政策と表面化している問題点について思索をすすめた。幾つかの著作を朱鎔基は英文原書で読んだ。これらは「下放」中の「苦学」と「苦慮」であり、朱鎔基が将来出馬するに当たり天が大任を下す〈試練〉であったともいうことができる。

もう一つ不幸中の大きな幸い、以て幸福であるとも言えることは、朱鎔基は妻労安から互いに助けあう愛情を得たことであった。多くの人が右派と見なされると、たちまち妻や子に離散されてしまう目に会い、妻子が主導的に離婚を選択し、「政治賎民」家族になる恥辱の重荷を背負うことを願わず、新しい生活を探し夫婦双方が子供の将来の為に苦渋の選択をした人もおり、「右派帽子」の無い、政治成分を避け最良の種を残すことにする人もいた。

労安は全く変わることなく朱鎔基に従い、終始一貫家事を支え、朱鎔基を支えながら、伝統的に夫を助け子供を教える美徳を尽くし、さらに外での仕事と帰宅後の苦労を請け負った。労安は恨むこともなく悔いることもなく、互いに意思が通じ合う愛情は朱鎔基を再起させる基地であったということが言える。

階級闘争が大陸の家々を襲い、鶏や犬までが安らかではないほど治安が乱れている中で、朱鎔基の家庭は「鐘楼に身を隠し一統を成し、その春夏秋冬を見届ける」ことができる温かい家庭であった。労安と朱鎔基は一男一女を育てた。長男朱雲来は伝統的な家系図名二より、「来」の名がつけられており、女児朱燕来は「燕が来たら春が来る」という渇望であった。

良妻賢母の模範 労安夫人
1994年10月、松下電器（中国）有限公司設立記念パーティ
左から少徳本部長、労安夫人、筆者（総経理）

毛沢東は反右派運動を行った後、何の寸鉄も帯びない知識分子を武器の政権におき、彼らが自然に語る勇気をつつしんでしまい、万歳の称揚が益々高らかになった。九六〇万平方キロの大地は正に「おそらく王土」の聖の世界になったようであった。

一九五七年一一月、毛沢東は思いがかなって得意になり勢いが余って、モスクワの全世界共産党、労働者党リーダーの集会に赴いた。毛沢東は会議上有名な「東風が西風を圧倒する」と論じ、合わせて「一五年後、我々の陣営の中でソ連はアメリカを抜き、中国はイギリスを抜く」と打ち出した。

一九五八年五月、共産党八大五中全会が北京で開催され、毛沢東は大会中迷信を投げ出し、思想を開放し、大胆に考え、思い切って実行し、躍進運動を始めると強調した。毛沢東の大躍進思想の先を悟った李富春は、毛沢東に迎合して、会場で「イギリスに追いつき、アメリカを追い越す、第一の五年が鍵になる」と題して話をした。李富春は甚だしきに至ってはこうも語った…一五年は不要であり、一〇年でさえ不要であり、七～八年の時間さえあれば、すなわち鋼鉄とその他主要工業製品の生産量でも、イギリスに追いつき…二十五年も不要で、十五年もすれば或いはもう短い時間でアメリカに追いつくことができる。このように、過去資本主義国家は一〇〇年～二〇〇年の時間で達したレベルを我々は二〇年前後の時間を使えば彼らに追いつくことができる。毛沢東はこの話を聴いて天子の御顔の如く大喜びし、会場で追加選挙を行い李富春を中央書記処書記に任命した。

中共第八次五中全会の後、全国各地で大躍進運動…人民公社、総路線に三つの赤旗運動という狂信的な運動を巻き起こした。

中国で最貧困の農村がまず先に共産主義への移行に伴い、人民公社が公共食堂を設置し、食事には費用の支払いは不要であるとした。

工業は即ち鉄鋼生産三〇〇〇万トンの目標を達成するために全力を上げて努力することとし、大製鉄運動を行い、土法上馬（旧方式の在来の方法で鉄づくりを行う）で良い鋼、良い鉄製品を鋼づくりの窯に投入し一塊のスクラップにしてしまった。

三つの赤旗運動は一年続いただけで、史上「三年の自然災害」と称される人災に見舞われ餓死者の数は数千万人に達した。これは言わば「正常ではない死亡」をしたとされただけであった。

一九六一年一月、崩壊した経済に直面し、中共第八回九中全会が開催され、毛沢東はただ「調整、強固、充実、向上」の後退方針を実行することに同意せざるを得なかった。

一九六二年二月、北京は七〇〇〇人の幹部大会を開催した、毛沢東は会場で言葉だけの自己批判を行ない劉少奇、鄧小平が第一線の調整工作を行うことになった。

劉少奇・鄧小平の実務派はその年、緊張した党内関係、党と大衆関係を調整するために、一部の誤った計画を提出し表現が比較的良い知識分子から「右派」のレッテルを外す提案を行い、合わせて諸政策を打出した。

朱鎔基は思想改造の態度が比較的良好な一類に区分され、「右派」の帽子を脱いでよいと宣告され、また国家計画委員会幹部補習学校から国家計画委員会国民経済綜合局に呼び戻され業務に従事し、さらに工程師（技術者）の称号も与えられた。朱鎔基は感慨無量となり、自分の第二の春が意外にも早くやってきたことを喜んだ。

朱鎔基は如何なる官職も無かったけれども、元通り一生懸命に仕事をし、国民経済の「調整、強固、充実、向上」の国民経済について意見を出し、計画案を提出した。

然しながら、一つには「蛇」にかまれたし、二つには権力と地位が無かったので、話をするのも慎重で、細心の注意を払い、いかにも老成した様子であった。

この一連の期間、彼は大躍進が挫折した結果がいかにひどいものかを深く理解しており、国家計画経済の欠点が又どれほど深刻なものかもよく分かっていた。

劉少奇・鄧小平の数年に亘る調整を経て、国民経済はやや回復を見せ、大衆の生活も温飽〈衣食がそこそこ満たされた状態を指す〉の状態に改善されだした。第二線に引いた毛沢東は自分の大権が他人の手に落ちるのを見ながら、劉少奇・鄧小平が舞台の前で、申し分の無い眺めで指揮を執っており、自分の思うようにならず、ひどくもどかしくなり、怒りを発し、切歯扼腕、一九六六年、軍隊を掌握している林彪と組んで、その名を「劉少奇・鄧小平のブルジョワ階級司令部を攻撃しよう」と言う「文化大革命」を発動した。

毛沢東はさらに「文革」を一場のすべての牛鬼蛇神〈文革中に階級の敵とされ批判の対象となった各種の人々〉を徹底的に打倒し、人々の魂に触れる大革命であると位置づけた。

これ以来、当然のように反って逃れ難かった「文革」の初期、朱鎔基はすぐに衝撃を受けた、幾つかの壁新聞は朱鎔基の右派の古い事柄を掘り出し、朱鎔基は反党分子高崗、走資派李富春のお気に入りであり、国家計画委員会主任人事交代に反対した問題で、審査を受けた。

然し「文革」の重点は「資本主義の道を往く実権派の誤りを正す」ことであり、劉少奇、鄧小平、李富春と比べて、朱鎔基は一人の小右派にすぎなかった。その上、朱鎔基は歴史上早く反右運動の中で先祖三代を調べられ、またうまい汁を吸ったことも無かった。しかし一九七〇年、朱鎔基は再教育と改造の対象になり国家計画委員会が所属する河北の「五七」幹部学校に下放され、五年間労働改造を受けた。

この五年間で、朱鎔基は泥土と風雨の中で転げまわり、豚に飼料をやり、羊を放牧し、こえをくみ取り、物を運ぶ車を引く、台所へ下りて炊事をし、水に入って梁を作り、田植えをし、麦刈りをし、肥料を施し、耕地管理…等のどんな雑務もすべてやり、各種の農作業を学ぶことができた。朱鎔基は骨身を惜しまずせっせと働き、再教育改造の態度良好という政治模範の評価を得。但しこの五年の過重な労働改造は彼に腰痛と筋肉の損傷という持病を残してしまった。

往時の事を回顧して、朱鎔基は感慨ひとしおであった。彼は語った…多くの元々分からなかった事情と道理が、広範な民衆の生活上の苦しみを深く知ることができた。

一九七五年、朱鎔基は北京に戻り、やっと一家団欒で暮らすことができるようになった。同時に、彼は新たに石油工業部輸送管理局電力通信工程公司に配属され、公司弁公室の副主任を担当することになった。翌年初、知識分子の職称政策を具体化されるに際し、副主任兼技師長になった。新職務は朱鎔基が清華で学んだこと…電力輸送、電力工場設計等の大学で学んだことを実用化することができることであった。

朱鎔基技師長は、文も優秀であり、武もまた優秀である。理論、設計も理解でき、現場も分かる人物としても優秀であり、今に至るまでも電力通信工事公司で朱鎔基は一緒に仕事をした技術者や作業者は、みな朱鎔基の有能ぶりを口を極めて褒めたたえている。

(6) 天命の年よりの活躍開始

一九七六年九月九日〇時一〇分、億万の中国人民は毛沢東の逝去に対して様々な想いをいだいて哀悼の念を表した。享年八三歳であった。

中国共産党の新しい後継者は「間抜けではない」と称される華国鋒であり、万事毛沢東の指示により事を行う「すべて」派の人物の一人であった。当時共産党の政界は三派に分かれていた。

すべて派は華国峰(時の国務院総理、共産党主席、共産党中央軍事委員会主席)と毛沢東生前の護衛隊長を主としていた汪東興であった。

党群派は元老官僚実力派であり、時の中央軍事委員会副主席葉剣英は公開されているトップだが、実際は秘密裡に連絡を取り合う首謀者は李先念、陳雲、鄧小平等であった。

「文革」派は、すべて派でもあり、毛沢東の寡婦江青をトップとした、上海より共産党中央に進出した張春橋、王洪文、姚文元等であった。

「文革」派、すべて派等、党軍事委員会元老実力派は毛沢東の葬儀後、皆が如何に中央の権力を奪取し、或いは強化するかを計画し始め「年寄りはやることが老練だ」と言われるようになった。

一九七六年一〇月六日、葉剣英等は華国鋒と連合することに成功し、「懐仁堂政変」を起こした。一挙に江青等いわゆる「四人組」及びその腹心一味を逮捕し、「文革」という赤色恐怖の暗い陰影の中から一つ一つ脱け出した。

二〇年の困難を経験して、元通り変わらずにまだ青雲の志を達成することができず、年齢はすでに孔子が論語で「五〇にして天命を知る」と称した「天命」に達した朱鎔基も雲を払いのけて月を見るように、進路が順調になり始めた。

一九七八年初、「華国鋒版現代的躍進」経済建設の必要に適応するために、当時中国社会科学院副委員長の馬洪、〈中国社会主義工業化問題〉等の著作を書いた中共の元老級経済学者は、命令を受けて中国社会科学院工業経済研究所を運営責任を持つことになり、自ら所長としてチームメンバーを拡充しようとしていた。

馬洪は直ちに東北時代のかっての部下で気に入っていた朱鎔基を研究室主任に任命した。苦難の中で二〇年奮闘し、青春の歳月を使い尽くした、朱鎔基はようやく副所長より正所長級幹部に昇格した。

同年四月四日、中共中央は統戦部、公安部が〈すべての右派分子の帽子をはずすべく上司に報告し許可を求めること〉という文書を関係部門に発送し、次に右派に対する免罪する作業が進められた。朱鎔基は一八六二年に被された右派の帽子を脱ぐことができたが、それは党の寛大な恩賜であり、免罪された訳ではなかった。当時中国社会科学院院長の胡喬木も、また清華出身で、「文革」中に打倒されたが、それゆえに馬洪が朱鎔基の右派問題の免罪要求に対して、同意し支持を表明した。

馬洪はすぐさま工業経済所の党員会議を開き、朱鎔基の右派問題が免罪になったので党委員会の党籍回復を提案した。所内の党員は朱鎔基の状況を紹介、討論を行い表決し、全員一致で賛成した。会議後、中国社会科学院組織部の指導者は朱鎔基に向かって鄭重に表明した。…朱鎔基の右派問題は誤りであった。今正式に赦免し、合わせて党籍を回復する。党籍は一九四九年入党の日から起算すると。説明が終わると、更にその場で人事記録の袋の中から一枚のハトロン紙の「右派分子」資料と党籍剥奪処分の組織決定を取り出し、その後でこれをつけて燃やした。

朱鎔基は泣き出したかったが涙がでなかった。さらに組織の指導者に対して二〇年の歴史の重圧を明らかにしてくれたことに対して感謝した。

朱鎔基は工業経済研究所で弁公室主任職を約一年担当した期間に中国の、基礎建設の範囲が広すぎ、追及する目標も高すぎ、中国の経済実情に合わとないと考えた。もし速やかに調整しなければ、毛沢東が五十八年に大躍進を行った時と同じ過ちを犯すことになると考え、論文を発表した。大躍進の失敗を繰り返すことになる。それから間もなく、鄧小平等は華国鋒を倒す運動を仕掛ける時であり、かって華国鋒が「洋躍進」をやることを非難していた。

朱鎔基はさらにいくつかの工業発展項目の研究を取り仕切った。同時に、幾つかの部門が乱雑できちんとしていない現象に的確に対応し、厳格な規則制度の確立を主張した。

朱鎔基が工業経済研究所で職に就いたもう一つの収穫は、中国共産党の元老陳雲の子陳元もまた同じ職場で仕事をしており、良く知り合った同僚であった。陳元も又清華大学自動コントロール専業の卒業生であり、朱鎔基の後輩の同窓生であった。同僚であり同窓生であることは、朱鎔基と陳元のような層の関係は、人治を主とする中国では一つの得難い関係であった。

一九七九年春、朱鎔基は国家計画委員会の燃料動力局処長に異動させられ、一九八〇年には又燃料動力局副局長高級技師の職掌を得た。

国家計画委員会と国家経済委員会は中国共産党がソ連式の国家計画経済を物まねした産物であった。国家計画委員会は理論研究と計画編制に重点を置いた。

国家経済委員会は具体的な経済運営の執行と状況をチェックし、基本建設、鉄道交通、工業、財政と貿易等の経済技術活動手続きの業務を組織し協調を図り、支援をすることに責任を負う。

国家経済委員会は一九五四年薄一波主任により設立した。「文革」の初期、薄一波は劉少奇配下の統率者として引っ張り出され、合わせてその歴史上のいわゆる「反逆者」問題を追及され、国家経済委員会の機能はこれによって活動を停止した。

一九七八年三月、華国鋒は第五次人民代表大会で再度総理に推挙され、正式に国家経済委員会の回復を宣言した。元石油工業部部長に任じられていた厚世恩が幸運にもめぐり合わせ国務院副総理兼国家計画委員会主任に昇任された。

朱鎔基が国家計画委員会で似通った部門で働いたことがあるためか、或いは当時の猪突猛進する経済を批判する文書を書いていたためか朱鎔基が文章を同じく清華卒業の康世恩に注目されて抜擢されることになった。これは朱鎔基に対して言うのは無論重要な事ではあったが、しかしさらに重要なことは朱鎔基が以前主要なことは中国のマクロ経済計画の編制であり、理論研究であり、コントロール方式等の相当深く掘り下げた精通していたが、しかしもっと重要なことは中国経済の具体的運用や上意下達のシステムなどに存在する疲弊が深刻なことであった。

朱鎔基は国家経済委員会に進み、疑いなく中国経済の表裏に対してマクロ計画、理論から具体的な運用操作に至るまで系統的で尚且つ全面的な展望を理解することを意味し、後日、中国経済を主管して改革を進める上で得難い訓練の機会を得たことになる。

朱鎔基が「大命」の年齢に五十歳の時になり、国家経済委員会に進級した期間にもう一つも運命的なことは朱鎔基に対しそれまでとその後に亘りともに重大な決定的影響を与え続ける。

権威者—鄧小平、は奇跡のように一九七八年一一月開催された中共第一一次三中全会に於いて復活し、全国で経済建設を中心とする改革開放路線を広く実行することになった。

鄧小平が復活した後、即座に華国鋒をトップとするすべて派に対する攻撃が展開された。鄧小平が非難した中の一条は、取りも直さず朱鎔基が述べた「当時の経済指標には実際にそぐはない向こう見ずな暴走的傾向と切り離せない」という論説であった。

鄧小平をトップとする改革派はこの冠を以て「洋躍進」の罪名とした。その意図は華国鋒が康世恩等の石油グループが中国は石油産出超大国であり、大慶油田を用いれば大量の石油輸出で外貨を稼ぐことができる外貨で、外国の先進的なプラント設備を買い入れることができる。そのようにすれば中国はすぐ迅速に現代化ができるという説明を聴き、信じてしまったことを非難したものであった。

一九八〇年八月一八日から二三日まで、共産党中央政治局は拡大会議を北京で開催した。会議は鄧小平をトップとする改革派が主導した。会議は華国鋒が総理を辞任し、趙紫陽が引き継ぐことになった。その決議はしばらくして開催された第五次人民代表大会第三回会議で可決され、趙紫陽が中国共産党建国後第三番目の総理に選出された。

その政治局会議上に於いて、康世恩は「渤海二号」石油調査測量船が沈没した事件により大過失一級と判定された。続いて、又一九八一年三月と一八九二年五月、康世恩の国家経済委員会主任及び国務院副総理の職務をそれぞれに免除した。

国家計画委員会の職位は先に元の副主任であった袁寶華が主任になり一年二か月担当した。袁寶華は朱鎔基に対し非常に好感を持ち、朱鎔基は理論もしっかりしており、又長期に亘る実践経験も有する専業幹部で、これから力になってもらえると期待していた。

然し袁寶華がまだそのスカウトに間に合わないうちに、この人事は消えてしまった。

一九八〇年八月、朱鎔基は「中国国際信託投資公司訪日代表団」一行一五人の一員となり初めて日本の地を踏んだ。

この公司は鄧小平の発案を受け榮毅仁（中国最大の元民族資本家で、後に国家副主席になり、王光英と共に〈赤い資本家〉と呼ばれた経済人）が構想を練り、資金調達と投資受入れの窓口として一九七九年に設立したもので日本国貿促が同年末に率先して業務協力協定を結んだことから、単独受入れされた。同団は関係諸官庁・各銀行と証券会社を歴訪して、日本での円建て債券〈サムライ債〉発行による資金調達の可能性等について率直に意見交換した。当時国家経済委員会の副局長で朱鎔基が同団に加わったのは榮毅仁の慧眼によるものであるが、鄧小平の後ろ楯もあったものと思われる。

一九八二年三月二日、趙紫陽は第五次人民代表大会議二二回会議上で〈国務院機構改革問題の報

告〉を行った。趙紫陽改革の中の一条に基づき、すなわち国家経済委員会、国家農業委員会、国家機械工業委員会、国家エネルギー委員会、建築材料工業部、国家標準計量総局、国家特許局等国務院傘下の幾つかの機構を合併し新しい国家経済委員会を設立した。これは国家経済委員会の昇格、回復が五〇年代初の建設時の規模に戻ったことを意味している。

五月四日、第五次人民代表大会議第二三回会議で〈国務院部委機構改革実施計画の決議〉が可決された。五月二六日、新経済委委員会の設立大会が北京で開催され、元安徽省書記張勁夫が国務委員兼経済委員会主任の任務に就くことが公表された。

張勁夫は安徽省肥東県出身で、一九三四年～三七年共産党上海地下党の活動に参加し、陶行知の国難教育社で教育を受けながら、中国共産主義革命を行っていた。

陶行知はアメリカコロンビア大学師範学院の留学生で、近代教育の大家デューイの高弟であった。陶行知は卒業後帰国し、デューイの実験主義を用いて中国の国情と結合し、中国の到る所で大衆教育を推し進めた。その頃、陶行知は丁度上海で「科学が世間一般の人に嫁ぐ」等の教育運動を行っていた。陶行知は真剣であった…「自然科学は農業文明から工業文明の最も重要な知識技能に移行している。もし本当に自然科学を応用することができなければ、農業文明は必ず破産する。工業文明も又建設する手掛かりを失う」

「教育は必ず自然科学を最も重要な位置に置かねばならない。それで初めて教育し平等な豊かさを創造することができ、中国教育と中華民族の進路を探し出すことができる」

陶行知は天才的な教育家であり、宣伝家であった。彼の論説は近代中国で非常に大きな反響を巻き起こし、また張勁夫に非常に大きな影響を与えた。さらに陶行知のこの説明はアメリカから受けた科学第一の思想であり、実際上は清華の教育方針と一致していた。

それ故、退任した袁寶華が張勁夫に朱鎔基を推薦した時、朱鎔基は正に張勁夫が求めていた人材であった。

これと同時に、鄧小平、陳雲、胡耀邦等は当時正に全力を挙げて中青年幹部を抜擢することを促進し、「若返り化、専門化、革命化」の三化幹部政策を提唱していた。正に、朱鎔基は具に才能があり、実学を経験している黄金であった。

新国家経済委員会の設立大会で、張勁夫は新経済委員会の構成及び指導幹部の名簿を公表し、朱鎔基は国家経済委員会の委員と新しく設けられた技術改造局の局長に昇格した。

一九八三年八月、朱鎔基は役人としての幸運に恵まれ、又国家経済委員会副主任（次官）に任命された。

一九八四年九月新経済委員会主任呂東は共産党建国の初期に、東北に於いて工業部副部長を担当し、朱鎔基の先輩上司であった。そこで朱鎔基は「更に上る一層の楼」となり、党内職務も党組織委員会副書記となった。ここに至って、朱鎔基は二〇有余年の苦難徘徊を経て、とんとん拍子に出世し、中堅幹部から一躍党政両方面の副部長に相当する高級幹部になった。三年余りで、連続三級昇格したことになり、これは官僚の位で言えば第二のジャンプであった。

朱鎔基は明らかに才能が抜群で、何事も一人で切り回す一面があり、助手にとっては就いていけないところがあった。

さらに増してその性格は剛毅であり、態度は謹厳で、端役の役割はできなかった。この種の才能と個性は同僚との付き合いがうまくいかない癖が有った。これは多分若い頃の仲間としばしば衝突していたことが原因の一つであった。

然し、朱鎔基が経済委委員会副主任になってからは、資金、技術導入と改造を主管した後にはその管轄範囲の中で明らかに出色の業績を上げた。


現場現物を重視する朱鎔基は局長時代に自分が認可し、松下電池工業から導入した全自動のＲ20高級乾電池の全自動製造ラインを上海の関連工業局の局長と共に視察した。当時の上海電池廠の周定愷工場長が松下より輸入した製造プラントを現場で紹介し、設備だけではなく松下の技術と生産管理を導入し、さらに日中技術者の努力で国産原材料を使用して日本製品の品質と同等の製品を生産している。製造現場では日本松下の現場管理モデルを採用しており、立ち作業がほとんどであるが、電池の電圧、電流、漏れを検査する作業者一名のみが座作業をしていると説明した。

朱鎔基は局長達に告げた。「これこそが本当のプラント輸入である。私は国内で真実のプラント輸入の成功実例を見た」と。

朱鎔基の全面的な肯定を得て、上海電池廠はその後ずっと現場管理を保持し、一九九四年からは合弁会社に切り替え、現在も健全経営を継続して優良品を国の内外に販売し順調に発展している。

一九八四年一二月、朱鎔基は中国品質管理訪日団団長として、二回目の来日をした。その際、松下電器の本社中央研究所で、かなりの長時間をかけて松下の生産管理の理念と綜合管理体系並びに具体的な品質管理の実態を入念に詳細にわたって交流した。元々清華大学の電子電機製造設備の理論的研究を学習した豊富な知識もあり、松下独特の品質管理に関心があり、この交流は非常に大きな収穫があったようである。ただ当時はココムーＣＯＣＯＭ（対共産圏先進技術提供制限）に配慮しなければならず、社内でもこの交流は担当部門のみしか伏せられていた。

ところが後に一九九五年一〇月統括会社松下電器（中国）有限公司設立許可のお礼に松下正治会長一行が中南海で朱鎔基副総理に会見されたおり「今日は私の方からお礼を申し上げなければならないのです。一〇年前我々は貴社の中央研究所で品質管理について大変詳しく説明していただき、私自身も大いに啓発されました」という発言があり、陪席した関係者一同が初めてそんな交流が有ったことを知った。

一九八八年二月一日版の〈瞭望〉週刊海外版に朱鎔基が書いた〈中国対外経済合作の新発展〉が掲載された。その編集者は朱鎔基のことを「中国企業経営と対外経済合作領域の専門研究者」と紹介している。

その文章は次の通りである。「一九八三年以来、国家経済委員会は一連の技術導入政策と措置を支持し、これらのプロジェクトが迅速に局面を打開した。ここ数年来、中国は各種外貨供給先を活用して、多種の方式を取り入れ、技術改造を導入する現有企業は外国と契約したプロジェクトが

一六、九〇〇余に達し、成約総金額は一二四億ドルに達し、その中で既に生産開始したものは九、七〇〇項目あり、力強く広大な企業の技術改造プロジェクトの発展を進めている。

既に導入したプロジェクトの中、軽工、繊維、食品、包装、機械電子と部品原材料等が多数を占めている。目的はもともと基礎が比較的脆弱な業種をスピーディに改造させること、それを以て企業の経済的効果を上げることができることである。それ故、毎年新たに増加する工業生産額は、約六年あれば技術導入、技術改造と管理を強化することにより取得増加できることになる。」

また朱鎔基は国家計画委員会の代弁者の身分で語っている……「一九八六年中国は既に一八四の国家及び地域と貿易関係を設立し、同じく一〇二の国家及び地域と最恵国待遇の協定と条約に調印しており、一九八六年の委託加工貿易（外国の業から原料・補助資材・補助材料の提供を受け、相手側の要求する品質・規格・デザイン・商標に基づいて加工すること）総額は八〇年比五倍に増大し、補償貿易（外国から導入した機械・設備を使い生産した製品で償還する貿易のやり方）の輸出入総額は一・三倍増え、外国投資企業の輸出入企業の総額は七倍伸びた。これらの柔軟な貿易方式は対外貿易に新しい活力をもたらした。

今後の対外経済合作の新戦略方面について、朱鎔基はその中で三点の新方針を提起した。

① さらに一層輸出商品の配置を調整し、主要には沿海地区とその他の条件の地区で各種異なった種類、それぞれに特色を持った産業を創設し、為替レートの高い輸出商品基地、輸出専門工場と輸出製品加工区を創設する。

② 先に軽工、工芸、服装の三業種を改革モデル業種に選定し、これを以て伝統的な収支や、大鍋飯（仕事ぶりや能力に関係なくすべての人の待遇が一律であることである悪平等）の財務体制を打破し、自主損益決算（企業が自ら損益に対し自ら責任を持つ）を実行する。

③ 技術導入を通じて沿海地区軽紡工業の技術改造を加速化する。それを以て製品品質、製品ランクと製造能力を高度化し、品種を拡充し、一般部品、基礎部品と原材料の生産技術レベルを引き上げる。さらに一層機械設備、電力設備の発展を推進する。これらの一連の活動によって製品輸出の外貨獲得能力を上げる。

朱鎔基は一九八八年第一期の〈企業管理〉雑誌に寄稿した。

「一九八八年企業技術進歩の仕事は、改革を深く掘り下げる要求に向かって進行しなければならず、技術進歩工作の管理に対し「三つの転変」を完成させることである。

企業は経営責任請負い制を実行し、技術進歩は主要内容をやり遂げることを請け負うことである。組織と技術進歩の中に在っては、多方面に亘って横断連合を展開することであり、競争メカニズムを余すところなく活用することである。

朱鎔基の上述の両文の中で、我々は次のような幾つかのポイントを上げることができる。

彼が数年来経済委員会の資金技術導入、活用、改造等の面で仕事の業績を重点的に公表していること。

企業の資金と技術導入、活用、改造と製品の輸出拡大が互いに結合して、その仕事の一貫した指導思想であることを強調していること。企業の資金、技術導入、活用、改造は企業の管理改革と経営ダイナミズムが相互に組み合わさせてワンセットになってこそ、初めて効果と利益を上げることができることである。

趙紫陽総理は北京五星ビール工場に朱鎔基が生産中止、整頓を命じた件が自分のところまで上がって来て、如何に対応するか迷った。一九八五年一一月二七日、朱鎔基は〈経済日報〉に〈経験を総括し業績向上を促進し、さらに一層企業の技術改革を進めよう〉と題する文章を発表していた。

この文献は国家計画委員会が「七五」計画の期間、六項目の工作強化を提案したものであった。六項中の第一項の活動は…「製品品質の向上活動を最優先に置く」こととした。具体的内容は…「品質監督活動を強化するために、来年全国に一〇〇数か所の国家級品質検査センターを建設し、人員を増加し、先進的検査設備を増やし、国家監督抜打検査を頑張って続け、四半期毎に検査結果を発表し、通報する。

一九八六年初、朱鎔基は機会を見つけて経済委員会の指導者として全国の工場や鉱山業の品質検査作業の責任を負っていた。第一番目は全国の有名製品ブランド企業である、北京の五星ビール工場も検査対象名簿の中にあった。五星ビール工場と青島ビール工場は中国ビールの二大有名ブランドであり、国内市場でも品不足になり、国内各大ホテルと外国の観光客も非常に高い評価をしてくれ、はるか東南アジア、欧米等でも、重要な輸出外貨獲得製品であった。

五星ビール工場は経済委員会が検査グループを派遣してきて品質検査を行うと聞き、ただお決まりの型通り行う公務であり、歓迎報告会を開き、幹部は検査に一緒について回った。ご馳走を食べ、記念品を贈ってことは終わった。この為準備はしていたものの有名ブランドは鼻息が荒く、この品質検査は朱鎔基が派遣した本格的な検査グループであることを誰も知らなかった。すぐに一グループの人員が各自手分けして検査に入った。しかもそれぞれが専門家であった。五星ビール工場の関係者はこの様子を見て、少しびくびくしていたが、相手がどんな策略や手段を使っても、それに応じる方法があるとタカをくくっていた。意外にも検査の結果は衛生品質が不合格、規則と制度は不健全、汚く乱れており、さらにビールの貯場には虫が出てきた。検査グループは一、五五一件の問題点を指摘した報告書を朱鎔基に提出した。朱鎔基は五星ビール工場が輸出外貨取得製品工場であることから、慎重になり、グループ長を呼んでさらに詳しく問いただし、思わず怒ってしまった。

報告書の決裁には、全工場生産停止三日間、衛生環境を整頓し、品質検査制度を厳格にし、三日間以降再検査することになった。

五星ビール工場の幹部はすぐに急いだ。これはブランド商品がレッドカードを受けたことであり、悪評が流れれば、同業者に突き上げられる。五星ビール工場の幹部は毎晩会議をし、一部「生産をしながら整頓をする」報告書を作り上げ、最上層部にコネを持っているルートを頼って、直接時の国務院総理の趙紫陽の手に送り込んだ。その報告書の中で言っていることは、……生産停止三日間は、輸出外貨取得で（〇〇万ドル損失を蒙ることになるので、生産をしながら整頓をしていく方式で、必ず衛生品質を改善する」云々であった。五星ビール工場の幹部の黒幕は頑強であり、輸出外貨獲得の名義で考えていることは教訓をくみ取るべきであり、必ず改善せねばならない規則である。

ただ趙紫陽総理が同意すれば、朱鎔基と口論し、抑え込まねばならない。

趙紫陽は報告を受けてから、半日深く考えて語らず、事務所の中で何回も往ったり来たりした。彼は朱鎔基が命令を出したら、必ず実行することを知っており、敢えて顔を合わせて論争する気質でもなかったので、最後には電話を取って、五星ビール工場の幹部に朱鎔基の指示に照らして行うよう通知した。

五星ビール工場の事件は、経済委員会が品質管理検査業務を順調に進展させ、多くの元々品質管理に無頓着な工場、鉱山採掘企業をすべて注意深く適確に製品品質検査制度と環境を整頓させ、全国範囲で一陣の「品質ブーム」を巻き起こした。

朱鎔基は五星ビール工場との一戦で、名声が首都に轟き、彼の剛腕な仕事ぶりもまただんだんと世間が知るところとなり、「鉄腕」という呼び名もついた。

一九八七年二月、日本国外務省の招待で、三回目に来日し、日中経済交流会の会合に参加し、金融や保険の大手企業のリーダーと情報交換をして、中国の改革開放の財政、金融、保険、証券等の課題について認識を深めた。

一九八八年五月、鄧小平は物価を調整することによって市場経済メカニズム推進の建設を行う改革号令を発動した。趙紫陽が責任をもって第一線で物価改革計画を実行した。計画は第二、第三と乱発され、民衆の間で混乱が生じ、現金を兌換し物資を購入するすざましい爆買い騒動が発生した。一九八八年八月、民衆は第三回の物価改革計画が出されるという噂が流れ、全国的にきちがいじみた物資を買うための兌換騒動が起こり、かって大陸で国民党が金圓券を乱発した勢いをまさることになり鄧小平はためらったが、彼は国家経済委員会に一人責任者を彼の居宅に派遣し、全国の経済状況を報告し分析の説明をするよう要請した。八月のある晩、経済委員会推薦の幹部として朱鎔基は単独で鄧小平の居宅に赴いた。薄い公文書包みを腕に挟んでいったが、中身は幾つかの資料のみであった。朱鎔基は鄧小平に報告し問題に回答する際、黒い公文包みを一度も開けることは無かった。以前この人が全国の反右派運動を主導し、彼を右派にしたことも思い、非常に奇妙なことに、朱鎔基は意外にも些かも緊張しなかった、問いがあれば必ず答え、理論、理由、根拠となる数字、可能性、説明ははっきりしており、簡潔明瞭であり、結論は物価改革を暫く止めることであった。中国経済の現状は供給が需要に追い付かず、貯蓄もただ補助金率を上げれば貯蓄を増やすことができる。中国民衆の心理習慣はまだ国家計画と政府の統一指令の制限を脱却していない。ただ生産を上げる中で次第に物価は正常化する。農業、軽工業、重工業は順序立てて改革を進め、安定の中で改革の道を探索する。改革が進んでから、一刀両断ですすめるようにせずに、リスクを構わず画一的に処理すれば、改革は失敗するということになる。

朱鎔基の自信に満ちた説明は、明確で、曖昧なところも無かった。

鄧小平は朱鎔基が来る前に、趙紫陽等の紹介を聴いており、朱鎔基の人事記録も見ていた…また彼の面前で臆せず話している中年幹部は当時の右派であった。鄧小平の元の名前は鄧希聖であり、朱鎔基の父の名は朱希聖と奇しくも同じであり、知らず知らず心中鄧小平はしばらく複雑で悔恨の念が生じ、この経済に精通する才子をじっと見つめた。

朱鎔基は表面的に平静であったが、自分が鄧小平の家に招かれて質問を受けることができたことを非常に喜んだ。

朱鎔基はこれより鄧小平の才能と気性を受けて、折につけて呼び出され諮問を受けることになった。

（7）上海に於ける大改革の成功

一九八七年一〇月、中共第一三次大会が北京で開催され、総書記の座を趙紫陽は胡耀邦にゆずり、趙紫陽は報告の中で初めて「社会主義初級階段」の理論を提示し、経済改革を継続推進することを提示した。共産党一三大はさらに一団の中共指導者を更新した。朱鎔基は一一〇人が当選した中央候補委員の中で九一人目の席次であったけれども、中央候補委員に選出された。これは朱鎔基が初めて一人の候補委員にすぎなかったが、共産党中央の権力中枢に組み入れられたことであった。

一九八八年四月の第七次人民代表大会で、李鵬が総理に当選し、すでに総書記に就任して空席になっている趙紫陽総理の席に就任した。

新しい長が来ると、部下も全部新しくなるという諺通りに、李鵬は総理になって後すぐに国務院の機構改革を進めた。人員を配置し、肝心かなめの業務を主管することを当然第一義とした。機構改革の一番目は、元国家経済委員会と国家計画委員会を基礎に、新たにこの両委員会の機能を統一的に発揮させる新国家計画委員会を組織すること。新国家計画委員会は李鵬が頼りにしている陳雲系の総大将で、時に中央政治局常務委員、国務院副総理の姚依林が主任を兼任した。元経済委員会主任の呂東は年齢の関係で、共産党一三回大会ですでに中央顧問委員会委員になる手配がなされており、呂東を主とする経済委員会の人員は人事改造が進められる中で一時帰休になった。

朱鎔基は当時すでにその才能に評価されている経済委員会の副主任として広く知られており、「人民日報」等の中央クラスの新聞・雑誌では経済専門家兼指導者の身分で文章を発表しており、かなりの影響力と知名度を有していた。

一九八七年夏、元経済委員会主任張勁夫は当時新華社香港社長の許家屯に向けて推薦した…「朱鎔基は知的レベルが高く、」急いで経済に精通し、香港ビジネス界の統一戦線活動ができる能力も強く、思想は開放されている人物を探している許家屯は、趙紫陽に朱鎔基を香港に派遣してほしいと要望し、張勁夫もまた趙紫陽に推薦した。ところが意外にも、二人の要求は否決されてしまった。

一九八七年一〇月、共産党一三大会の期間に趙紫陽と当時の共産党中央組織部長宗平はすでに朱鎔基と正式に面談し、彼に中央は近々上海市党書記芮杏文を中央書記処に転勤し、その時には彼が上海市長兼市委員会副書記の職務を引き継ぎ、江沢民は市委員会書記に専任する。それで、中央は朱鎔基を上海に転勤し、江沢民の市委副書記の職務を引き継がせ、上海市の人民代表大会が開催された時に、再度正式に江沢民の市長職務を引き継がせた。

上海は直轄市で、中国の経済文化の重鎮であり、歴代の市長は皆高官が就任した。朱鎔基は中共一三次大会で中央候補委員に当選しただけで、しかも副大臣級であり、キャリア、職務上の地位は少なくとも一級低かった。

朱鎔基が上海市長に抜擢されたことは多くの総合的な考慮がなされたに違いない…主な原因は元上海市委員会書記芮杏文と江沢民の不和であった。常に政治的見解や人事による論争が行われた。党内の地位は芮杏文が高く、学歴見識からすれば江沢民がやや高かった。芮杏文が市政に対して何か話せば、江沢民は「党政分離」で口論し、果てしがなく市政は安寧さを欠いていた。芮杏文は趙紫陽の腹心であり、江沢民もまた趙紫陽が気に入っている部下であった。論戦は中央にまでもちこまれた。ちょうど都合がよく趙紫陽が総書記になり、腹心が書記処の仕事を強化せねばならず、芮杏文を書記処に転勤させ宣伝を主管させることにした。

市委員会書記は江沢民が当たると、市長は誰が引き継ぐのか？上海市の芮杏文、江沢民それぞれが候補者を報告したが、皆趙紫陽は否決した。原因は上海振興であり、一人の経済に精通した実力者が推進する。当時上海は改革開放中であり明らかに生気がなく、幾人かの指導者を変えても、皆局面を打開できなかった。

中国共産党三〇数年の統治下で、上海は古い基礎の上に何の発展もなく、反って中国大陸各地を発展の「母鶏」になってしまっている。共産党はこの種の鶏を殺して卵を取るという政策の下に上海は世界で日進月歩の科学技術工業がし発展ているの下にあるのに、とっくに落伍してしまい、東京、香港等よりはるか遠く後ろに抛り出されてしまっている。

朱鎔基の前任の上海市長江沢民はかって文章を書き上海が落伍してしまった原因をこう語っている…「上海は第三次産業が発達していないのは、三〇数年来、一面的に工業基地の役割を発揮させることのみを強調し、大都市の多様な機能の役割を発揮させることを一九八三年以前の上海の地方財政中当市が平均的に留用しているのは一四・二％のみである」

「市政建設と都市規劃上、我々の活動もまた失敗であった。先ず生産をすることを強調しすぎ、後で生活する故に、工業配置は〈麺は多く水を加え、水は多く麺を加える〉となり、地べたに露店を並べることになってしまっている」

中国の経済学者が上海は「巨人綜合症」を患っていると称した。

この為、趙紫陽は国務院総理の時に、かって馬洪国務院副秘書長を上海に派遣して、国務院調査研究グループを組織し、経済発展戦略を制定した。

馬洪はタイミングよく朱鎔基を国家計画委員会より調査研究組に参加させ、一九八四年九月上海に同行し共同で調査し、上海経済学者と数度にわたり討論し、国務院調査研究グループと上海市委の名義で年末に〈上海経済発展戦略報告提綱〉を提出した。

趙紫陽は報告を受けた後、大人数を率いて上海を視察し、馬洪が朱鎔基等を率いて作成した報告書を趙紫陽の視察意見を合わせて、修正を加え最終稿とした。

一九八五年二月八日、国務院は〈上海経済発展戦略報告提綱〉を批准し、関連部門にこの内容について執行するよう通知した。

趙紫陽は新戦略を三項目に総括した。即ち「伝統工業は改造を必要とすることを軽視したことである。設備は古く、技術は老化し、都市のインフラはひどくおくれており、環境は益々悪化しており、問題が一層先鋭化している」

「この外、上海の工業はまだ、一つの特殊な任務があり、すなわち中国を支援することである。上海が累積した財は、小部分のみが上海で使われ、大部分は全国で使われている。新興工業の比率を全国より高くする、三次産業を大いに発展させること」

伝統工業方面では…二十二個の業種技術改造項目を重点にすることを確定した。その中には放送・TV、家電、写真機材、OA、食品、日用品、紡績、アパレル、医薬と医療機械、自動車、トラクター及び旋盤等の工業部門が含まれる。

新興工業開拓方面では…即ち電子工業産業の拡大と応用を普及させることを突破口とする。初期には大規模集積回路、コンピューター及びソフトウエアーを発展の重点とし、合わせてマイコン、集積回路、基礎回路、光学専用設備、アプリケーション普及と五件のメインとなる「科学技術生産連合体」を組織し普及する、中長期は即ちバイオプロジェクトの開発、新型材料、レーザー技術、光ファイバー通信、海洋プロジェクト、ロボット等を重点として開発する。

三次産業方面では…商業、金融、観光、運輸と通信、情報とコンサルテイング、飲食とサービス等を発展させる。

この〈上海経済発展戦略報告提綱〉中多くの構想は朱鎔基より出されていた。特に伝統工業改造面は、基本的にこの当時国家経済委員会で全国技術改造工作に責任を負っていた朱鎔基から提出されたものであった。

これは趙紫陽がなぜ朱鎔基を選んで上海市長に任命することを考えた第一の原因であった。当然馬洪、張勁夫の推薦もまた趙紫陽の記憶の中から朱鎔基を選び出した一つの誘因でもあった。

第三のかくされた原因は趙紫陽が鄧小平の朱鎔基に対する評価と重用する意図を知っていたからに違いない。上海市長を上手にやりこなせば、朱鎔基は当然一層高位につくことができ、一挙に共産党高層部に入れることになる。そして当時幹部の昇格調整を担任している中央組織部長宋平も、又清華出身であり、又東北で朱鎔基と仕事を共にし、朱鎔基の才能に対し、右派の不当な取り扱いを受けたことを修正させ、仕事ぶりが謹厳であり、その生活態度も清廉であることは、すべて宋平が、気に入り高く評価していたところである。それ故、趙紫陽の提案は、宋平の審査に合格し、すぐに中央より正式決定された。

上述の幾つかの条件の総合から、趙紫陽はそこで初めて宗平と共に朱鎔基に通知し、この副部長級の中央候補委員が正部長級、中央委員クラスの朱鎔基が上海市長に就任したのである。

一九八七年一二月初、朱鎔基は上海に赴任した。

一九九八年一月二日、朱鎔基と江沢民等は共に中共中央総書記趙紫陽の上海視察に随行した。上海TV局は当日このニュースを放送した。翌日〈解放日報〉と〈文匯報〉は又朱鎔基が趙紫陽の身辺に立っている写真を掲載した。

朱鎔基が上海市委員会副書記に就任の報道は、上海市民に中国共産党中央総書記が自ら上海に同行してきたという印象を与えた。上海人はひそかに朱鎔基という名の男の身分がかなり高いと噂した。

しかし朱鎔基がデビュー後、何もは無かった。もともと朱鎔基は二ヵ月強の期間、上海各層の経済現状の面、各部門に対する調査研究をしていた。

朱鎔基が語った…「私は長期に亘り中央計画委員会と経済委員会で仕事をしてきて、マクロ面では比較的よく知っているが、地方の具体的状況はあまり掌握できていない。それゆえにまず末端の現場の実態を知らなければならない。

二ヵ月強の中で、朱鎔基は工場に行き、農村に行き、市場の商店や埠頭に行き、各種座談会とインタビューをした。

上海に赴任して初めての農歴春節には上海郊外の農村で過ごした。二か月強の調査研究を経て朱鎔基は上海の状況、民衆の心理、幹部の素質、施政方向等をしっかり心に刻んだ。彼は「自分が上海に来る前の上海に対する認識はやはりやや不十分であった。今では上海での任務が極めて困難であると感じている」と認めた。

一九八八年四月、上海の九次一回会議が開催され、朱鎔基がその会議で市長に推薦される予定になっていた。会議では、一人の代表が提起した…過去自分達は指定された方法によって投票してきたが、立候補補者がどんな人物か知らない。今回の改革は市指導者の各立候補者は代表が直接会見するので、各自が代表に対して自己紹介と略歴、役人の在籍中の成績及び施政綱領を紹介するようにということであった。

この代表の提案は、直ちに朱鎔基の賛同を得た。…「醜い花嫁は姑に会うのを怖がってはいない、私は丁度上海に嫁入りに来た花嫁である。皆さんは上海の市民を代表され私という花嫁の品定めをしていただきたい」

四月二五日、朱鎔基は薄い色のスーツを着て、赤と黒がスプライトになったネクタイを締め、かなりスマートでスタイリッシュな姿で八〇〇名余りの市人代代表大会の前に立ち、非常に率直で、且つ言葉も内容も共に優れた自己紹介と施政綱領を発表した。

彼はまず先に自分は幼少の頃、父も無い母も失い孤児で、清華大学の学生運動中に入党した。党と政府の奨学金で学業を終えることができた。一九五七年に如何なる直言からか罪をかぶってしまい、右派とされ、その後、末端の現場に下放され、農村の労働改造をした経歴を紹介した。それは出席者の同情を引き起こし、ため息をつかせた。中国人はもともと冤罪の災難を受けた人や敗者に同情する伝統があり、朱鎔基の右派経歴は普通ではない効果を現わし、瞬く間に広がった。共産党の階級闘争に対し心の底から恨みを持つている上海市民は、知識分子が多く賢く互いに惜しむ同情は、市民直選市長の合意票に等しかった。新市長は以前の右派であった！以前の右派はすべて本当の事実であり、あえて本当の話をする右派は良い人物だ！

これに続いて、朱鎔基は選挙演説ではない演説をした。彼は自信に溢れて語った…もしこの席で私がこの中国最大の都市の市長に当選すれば、上海市政府は「清廉公正で高効率の政府」になり、新しい政府が前政府活動の基礎に立って、創造的な開拓を進める。朱鎔基は七項目の措置を提言した。

①　政府の行政能力を高め、役人は清潔でなければならず接待づけの悪風を糾す、政府職員は清廉潔白に奉公し、飲食接待や贈り物を受ける不健全な風習をやめる。

② 上海市政府は人民代表常務委員会と市民の監督の下に、市人民代表の意見を施政の座右銘とする。

③ 民衆の悩みと苦しみに関心を持ち、食肉野菜の供給作業をしっかり行い、同時に市場の物価管理を強化し、みだりな値上げをくい止める。

④ 上海経済に外向型発展を早め、一九八八年には集中的かつ精神的に 生産を発展させ複雑な各種規定と、規則と制度を整頓し、労働規律を健全化し、合わせて特に輸出生産活動にしっかり取り組む。

⑤ 上海の科学技術活動の優位性を発揮し、科学技術と生産の結合を促進する。

⑥ 教育経費の安定と一歩一歩と増加することを保証し、教師の社会的地位と待遇を高め、さらに一層教育の品質を向上する。

⑦ 都市の基礎インフラの改造と建設を強化し、合わせて浦東、崇明島開発の準備活動に着手する。

朱鎔基の話には内容が有り、立て板に水を流すようであり、機知に富んだ言葉が次々と現れ、講演中ずっと拍手、笑い声、喝采が鳴り止まず、初めから終わりまでまるまる一一〇分かかり、一時間半の予定を一五分超過していた。

朱鎔基というこの右派市長が表舞台に登場したことは、実に素晴らしく満場を湧かした。

彼は謹厳そのものであったが、時には伯父に倣って実演した京劇を実演したり、ショーマンシップも見事に発揮してみせた。

朱鎔基が正式に上海市長に就任する前に、上海の幹部間では飲食や贈り物を受ける風習が非常に深刻であり、上海の幹部は比較的頭がよく、狡猾であり、策略を以て賄賂がばれることを恐れており、一旦陰謀やスキャンダル事件がおこると、小者を入獄させるので、ある幹部は策略を講じ卓球のエッジボールのような戦術をとった。

ちょっとの食べたり飲んだり、果物の土産を受けるのは、法に反することにはならない。それ故、飲食の風習は益々ひどくなっており、工鉱業の企業もまたこの社会の濁流に追随していた。毛沢東の話を引用して、「革命は食事をおごることではない」を改ざんして「革命とはすなわち食事を招待することである」と言い民謡は風刺して「革命の小酒天は天が酔い、飲んで党風を壊し、胃を傷つけ、飲んだおばあさんがこっそりと党紀律委員会に告げ口をした。書記は言った…飲まなければならないのに飲まないのも正しくない」

朱鎔基は就任して最初に、自ら主張して〈幹部簾政守則〉を制定し、飲食接待、贈り物を厳禁し、さらに一二〇名の局長以上の幹部を引率して上海文化技術祭に参加し、舞台に登場して〈幹部籐政歌〉を合唱し、合わせて上海TV局と放送局で、この歌を毎日初めと終わりに放送するように指定した。

これと同時に、彼は一次各区、県長、及び政府官員の大会上、会議に参加している幹部に向かって一節の教訓となる昔の言葉を解説した…「官吏は私が厳粛であることを恐れず、私が清廉であることを恐れる。民は私の能力の能力に服するのではなく、私の公共性に敬服する。…公は即ち明であり、廉は即ち威である」

朱鎔基は清華の校訓を信奉し、率先して、小さい事からやることにした。

上海の某公司が大規模な一〇〇〇人にも及ぶ開業宴を催し市長を招待したが、朱鎔基は主賓の座に就くことを断り、秘書と自分は、普通の工作食（ワーキングランチ）を用意させた。

「清正簾明」を上海で自ら実行したこのエピソードが評判になり、自然に豪華な飲食接待の風習はなくなり、公用招待会の朱鎔基規格は「四菜一汁」になった。

ある日朱鎔基の事務室の入り口に一枚の紙が貼られており、その上にこのように書かれていた…「物事の基礎が劣っておれば、後日愛想がつかされる。四菜一汁は、栄養不良になる」朱鎔基は見終わってにこにこ笑い、手をひろげて、言った。「騒ぐな、また調べる必要もない、この人は心中少し腹を立てているのだ。言わせておければそれだけでい。改革はとにかく一部の人たちの利益にかかわり怒りをかうものだ。彼は私に私人として意見を出した。党の指導に何も反対しているのではない。

私は公衆の為に仕事をしているのだ。私個人の為に処罰してはいけない」

朱鎔基のこの一行の話は世間に伝わり、市政府役人の称賛を博した。言っておかねばならないことは、朱鎔基と江沢民が上海で執政したときには二人とも比較的厳しく己を律し、決然として飲食の風習に反対した、それゆえ、朱鎔基がこの飲食反対の風習に火をつけて後、完全には実施できなかったが、中国各地と比較すると、やはり比較的よくなっていた。統計によれば、自ら定めた〈幹部簾政守則〉後、一年内に、全市で七十四の局級部門は共に記念品贈答品の人民元換算すると五二万元、宴会拒絶七六〇〇余りに達した。

朱鎔基は改革開放に従って、多くの幹部が権力を借りて、下放することと対外開放に対して経済活性化を理由として、貪欲に飲食し、だんだんと汚職行為に変わっていく。賄賂を取ることは中国の大方の情勢になっていた。

朱鎔基は市長に就任する前に、各階層の人たちと話し合っている中で、上海の指導幹部は権利を我が物にして、汚職腐敗する問題は非常に深刻である。市監察局の呉徳は朱鎔基に向かって訴えて…私は監察局長に任命されて以来、すぐに官職帽を手でぴったり押さえ、頭に当たった時頭皮が裂け血が流れないようにいつも準備しており、道を歩いている。呉徳はさらに朱鎔基に向かって報告して言った、彼は今年一〇月中央監察部の代表団に随行して、スエーデン、英国とソ連に往きこれらの国の国家簾政制及び簾政活動方法を査察した。これらの国家は官吏の不正行為に対しては、特に新聞メデイアの役割を強調していた。悪事があると、新聞メディアがすべて公開すればすぐスキャンダルになる。これらの人はすぐ官吏を首になり、監獄に入らなければならない人は監獄に入り、法律により処罰される。

朱鎔基はこれを聴いて感動した面持ちで、非常にきっぱりと言った。あなたの両目は私が五〇六名の上海の委員会事務局指導者の幹部を注視している。

あなたが廉政建設上恨みを買うことを恐れなければ、私はあなたがこの官職帽を大切にすることを手伝う。上海人は「最上層部にコネがある」と言わないだろうか？それがあれば、あなたの地位を保つことができない。私はあなたと一緒に頭の上の帽子を脱ごう」

封建時代の清廉で公正な官吏は「役人にとって民の為になれないならば家に帰ってサツマイモを売るほうがましだ」という道理を皆よく分かっていた。

ましてや我々は「人民に奉仕する」共産党の幹部ではないか。

廉政建設の公開宣伝には、新聞メディアを利用して幹部の進めている監管報道に、党報は本来「人民の代弁者」であり、人民の為に話をすることである。

朱鎔基は市常務委員会の会議で、コンセンサス（共通の認識）を形成すれば、歩調を合わせる提案した。

これと同時に彼は市規律委員会に対し額縁に入れた親書を送った。「剛直をおもねることなく、公にのっとり、両袖に清風をとどめることができる」という内容であった。これにより規律委員会の幹部を激励した。

市常務委員会の席上、彼は又公検法部門が監察部に協力することを要求し、中央規律委員会へ取り調べ通告する活動を適切に行うことを発表した。


朱鎔基はよく時世の変化を見ており、一九八九年二月鄧小平が南下し上海を訪れ汚職を粛清する党風整頓の活動をした時、ついでに簾政の嵐を巻き起こした。

その年の初め、鄧小平は中央規律委員会より報告を聴いた。この五年来、中央規律委員会は全国各地の検挙書状三三万通を受け取り、その中で司局部級以上の高級幹部及びその子弟が法律に違反し規律を乱し汚職腐敗問題の書状が一〇分の一を占め、中央規律委員会は、腐敗がすでに党の筋肉と皮膚に入り込み、もう一度整頓しなければ事態は救いようのない状態に陥ることになる。鄧小平は老練で冷静且つ手なれた政治家で有り、物価改革、民衆の恨みや不満が鬱積をしていることも知っていた。

反汚職と腐敗は民衆の政治視線を転換することができる大きなテーマであり、上手くやれば、再び頭を変えて経済改革を行うことができる。

この計算が定まると、鄧小平は上海に到着し、直ちに南方各都市の幾人かの書記、省長を招集した。そして、江沢民、朱鎔基が陪席して報告し、各部署の反腐敗活動を聴いた。

鄧小平はしっかりした語気で語った…「一九五三年、我々は劉青山、張子善を殺して形勢を転換させた。現在いくつかの問題がある。誰が関わりあっている、誰を捕まえるかであり、私がかかわっておれば即ち私を捕まえることになる。共産党が腐敗を取り除くことができなければ、腐敗が取りも直さず共産党を叩き潰すことになる」

一九八九年三月、朱鎔基は上海市九次第二回大会場で市政府を代表して政府活動報告の中で断固としてきっぱりと言った。「必ず厳しい態度で政務を執らなければならない、廉政建設を強化し、新しい廉政の嵐を巻き起こす」朱は更に強調した「人民群衆の投書・陳情と告発・密告制度を完全なものにし、群衆の監督に依拠する新聞、刊行書籍、放送、ＴＶ等大衆宣伝メディアの世論監督を支持する」

大会後江沢民と朱鎔基は中央規律委員会の事実が確認された材料に基づき、一挙に二十余名の県局級の幹部を逮捕し、数十名を罷免し、さらに一名の市委候補委員は法により処罰した。その年の三月から十月までの簾政の嵐の中で、統計によれば上海市の各級幹部が「リベート」及び謝礼金の個人的受け取りを断り、上納したケースは四、二三一回人民元換算五八万余元…上納した謝礼品は追徴と受取り拒否した不法物件は一九二人回、金額は二十六万余元、処罰を受けた者は七十二人、行政処分を受けた人数は約四〇〇余名有った。

当然朱鎔基は敢えて廉政の嵐を起こしたことであり、自身は清廉潔白であり、己を律するに厳しかった。彼はまったく如何なる人の贈り物も受け取らず、郷里からの土産も、彼は一切受けていない。拒絶の厳しさは送って来た人にしては何とも仕方がないことであった。

筆者自身も松下電器（中国）有限公司設立の記念パーテイで中国側投資会社の副董事長を担当されていた労安夫人に簡単な粗品を用意したが、見事にことわれ、さわやかな思い出を持っている。

彼は常に部下、朋友に手を伸ばさないようにたしなめた。我々は人民の公僕であり、金魚鉢の中の金魚のようなもので、内外に透明でないといけない。群衆の目はするどい。朱鎔基の公明正大さは上海の大通りから横町まで伝わり好感をもたれた。

朱鎔基は就任してまもなく、市民の公共インフラを改善するために二大プロジェクトに取り組んだ。

その一つは交通と市場秩序の整頓であった。特に大量の市民の投書で知ったことは、タクシーを使用する困難さと運転手の無秩序な働きぶりであった。そこで何回も市長執務会議を開催し、市タクシー業指導小組を結成し「総合管理案」という八項目の具体的な管理条例を発表し、一九八八年八月より市外で営業していた二千台の長距離タクシーを市内専用にした。九月よりは公交管理部門が運賃の調整、税収の軽減、車両購入基金の設立、タクシー番号使用税軽減等の運転手の負担を減らし、タクシー業の潜在発展力を促進した。綜合規画をスタートした後、士気高揚に長けている朱鎔基は八月一九日TVを通じて、条例を公布し全市民が政府と共に整頓を進め、一挙に上海のタクシー運転手が勝手に不適正な費用を徴収することと車を呼ぶことが難しい問題を解決した。

このタクシーの営業改革と同時に、朱鎔基は又公共バス、電車が込み合う問題の改善に取り組んだ。上海公共バスは市民を困らせていた。車両は営業混雑がひどくダイヤは常時乱れていた。これは市政建設が欠落していたことが原因であった。市内区域の路面は三〇年来広げられていなかったし、逆に人口は何倍を増加していて労働者の反発の要因であった。ボーナスは少なく、給料は低く、福利は不足しており、運転手グループで「鈍行車運転」をして抗議した。このように一時間弱で往復する道のりが、しばしば二時間以上かかり、元々混んでいた交通がさらに渋滞になってしまった。交通の動脈が順調に流れず、自然に全市の各事業の正常な運営に影響が及んでいたていた。

朱鎔基は難しい点の見極めをつけ、「病巣を外科手術して取り除く」方法を採用した。公共交通会社のために毎年納税している六億元を免除し、合わせて補助金を二億元出し、従業員の給料とボーナスを上げ、福祉条件を改善することによって病状に対し対症療法を行ない自然の薬が病を癒した。公共交通バス、電車の集団運転遅延現象を取り除き、交通渋滞状況が一定程度の改善することができた。

これと同時に、朱鎔基は命令を出し妊婦を殴打した切符販売員を解雇した。しかし朱鎔基の政策実行や仕事のやり方等が厳格且つ迅速であり、恩威ならび施す整頓は、上海市の公共交通秩序を改善し、民衆は誰もが皆朱鎔基市長の促進活動を称賛した。

朱鎔基は市民から送られてくる大量の投書の中から、民生問題関連の管理に厳重な問題があることを知り、多くの現場で法律を執行する部門、行政部門、管理部門が権力を濫用し、社会の不法者と互いに結託して、良民を食い物にし、民衆をいじめていることを知った。たとえば自由市場の税務管理者、地区公安派出所の民警は個人不法商人が支払う「手続き費」と賄賂を受け取り、共同して民衆にひどい損害を与え、やり口を変えた商人や或いは地元のごろつきやチンピラをそそのかし、市場を操り、悪い商品を良品と偽ったり、重さを不足させたり、人を竹の棒で殴ったりしていた。

民衆はこれを非難して「狼と一緒に踊っている」と公務員のことを言っていた。「出勤するとお茶（茶水）を飲み、昼には（酒水）を飲み、外出して甘い汁を吸い（油水）、月初には給料（薪水）を持って行く、つまり四種類の水で腹をふくらませている」と民謡の替歌を唱った。

朱鎔基は副市長黄菊を配置しこれらの問題を管理させ、一シリーズの焦点を当てた管理制度と監督制度を制定した。一九八八年、朱鎔基は全市一、四〇〇余りの公安派出所、工商行政管理所、税務所、住宅管理所、糧管所、銀行貸付所、電力供給所ガス所、電話営業所、交通管理所、街路事務所合計一、四〇〇余の責任者を召集し会議を行った。

「仕事を公開し、民衆の為に不正・収賄をせず公の務めとすること」の活動を展開することを宣言し、合わせて具体的な執行内容と民衆の通報方法を発表した。「この数年来皆さんは何をどのようにしてきたか、胸に手を当てて自問してください。さらに一人の政府公務員として好ましかったでしょうか？民衆の数千通の投書に対して、問題を説明しましたか？皆さんは帰ったら、部下の人に対して言って下さい、この数年来過食し、余分に徴収したものは今日までの分は画一的に処理し、明日からもし犯したら、以前の借りを徹底的に調べ、新旧すべて借りは一切一緒に計算して、弁償すべきは弁償し、罰するべきは罰し、逮捕すべきは逮捕して、一銭たりともあいまいにしなかった。明日からは正々堂々政府公務員となり、腰を伸ばし姿勢を正し、法に基づき仕事をし、利害関係のあるコネ筋にははっきり話し、もし噛みついてきたり、しらばくれたりしたら、恐れずに法により仕事をしていただきたい」出席者は帰って、直ちに行動に移した。今回の活動は心を入れ替え真人間に入れ変わったようで、新たな出発であり、必ず迅速に民衆の印象を変えなければならず、道徳的なサービスを展開し、全市を道徳的なサービス都市に変えることであった。

朱鎔基はこの全ての事は究めず、前例にすることなく、新しい犯罪を厳重に処理する事務公開制度の「改新」と「毒を治める」措置をとり怒りの波に一石を投じ、確実に効果を現わした。個人経営の自由市場と国営野菜市場は法律執行部門、行政管理部門がぐるになって不正な悪事を働いて下り、食い物にされていたが、重要な押さえどころが分かり、治めることができた。公共部門のサービスに改善がみられ、民衆をだましたりいやがらせする行為が少なくなった。事務引き伸ばしも少し改善しており、比較的正常な社会運営秩序ができてきた。

朱鎔基が市長に就任後、民が急ぐことは急ぎ、民が希望することは希望、官の言うことができないことは言い、官ができないことは行い、一丸となって、民の利益の為にが政治を行い、悪を止め汚職を除き、公正な社会秩序をきちんと作るために力の及ぶ限り努力し、ずっと苛酷な目にあった上海市民は、親指を立てて、朱鎔基は素晴らしい！清廉な市長である！と称賛した。

人類が情報化時代に突入した現在、朱鎔基は多分数少ない、本当に情報の価値の重要性を理解していた官僚の一人であった。朱鎔基が市長に就任後、彼の要求により、市政府事務所は毎晩八時前に、必ず三部の簡潔報告書が届けられた①〈日日動向―上海の都市部と農村の毎日の工農業生産、都市建設、財政金融、対外貿易、市場物価、重大事件、社会治安、文教衛生、群衆の反映をしたものと市政府及び各委員会の重要な活動と決定をひとまとめにした後、最も簡潔な表の形式で記載されたもの〉、

②〈公文情報中央と各省市の重要文献及び市政府と各委員会事務所の交付と伝達文書の要点を登載〉と〈上海摘報―内外の上海活動に関する各種論評、反応、批評、提案、内外で発生している重大事件、重要常態、上海市政に対する関連事例、参考になりヒントが得られる経験が有れば毎週二回まとめて掲載したもの〉を彼の事務室の机の上か本人の手元に送った。

朱鎔基は部下の仕事に対して、迅速、正確であることを要求し、簡報は市政府事務庁秘書処と各研究室、各大新聞の関連幹部、大量の簡報、公文、報告、新聞雑誌、電話記録、群衆の投書等の要旨等であった。朱鎔基は毎日必ず三部の簡報を完読し、その後指示を出し、二日目にすぐ検討結果をつけ、提案を出し、結果がでれば実行に移すことにしていた。

科学技術官僚としては、朱鎔基が最も早くインターネットを使いだした指導者であり、行政効率向上の重要な手段となった。

一九八八年四月二九日、市長に当選した折の講話で彼は次のように宣言した。「上海のように一二〇〇万の人口の都市は、全世界でもそう多くない、一人の市長、幾人かの副市長だけでは、より良く管理することは難しい。今後それぞれの部門が心を一つにして政令統一を前提に、簡素化しなければならない行政手続きは簡素化し、委譲すべき権力は断固として委譲し、仕事の如何なる引きのばしや、効率の悪い役所の態度は必ず改めなければならない。

これに続いて、彼は五月一〇日市政府常務会議の時に市委員会に重ねて声明した。「上海はスピードが必要である。効率を重視し、仕事はてきぱきと行い、厳格且つ迅速であること。決定された法案が一つの欠点も全くないということは不可能である、それゆえ方策を決定する前は混乱することもいた仕方がないが、ただ一旦決定すれば、必ず行い、些細なことで人の上げ足を取るようなことをしてはならないし、軍の士気をゆるめさせてしまってはならない」と。

その会議後しばらくして、市長副市長会議が開催された時、一人の副市長が公的宴会のため二〇分遅刻した。朱鎔基は些かも容赦しないで言った。「皆が貴方を待っていた。今後宴会で食べる量を減らせということではなく、宴会場でも少なく食べてもいいはずだ。」怒らず威張らず、言葉は冷たく厳しく、だがいらいらして落ち着かない様子であった。これ以降、市政府幹部は会議に時間通りに会場に到着した。

或いは「多分」、「おそらく」という言葉を用いて報告することを許すことができなかった。この種の「おそらく」という用語に出くわす毎に、朱鎔基は必ず厳しい口調で「一体どれだけなのだ」と問い詰め、合わせて「君は帰って、はっきりしてから、もう一度来なさい」と厳しく責めた。ひととき「新市長は人を鍛えるのが好きなのだ」、上海市の中上クラスの幹部の間で言い伝えになっていた。しかしまたこれらは官僚の魂に触れ、行政効率を引き上げた。

共産党各クラスの政府は、中国大陸を数十年統治して機構が益々膨張したばかりでなく、人が仕事より多く、三人分の食事を五人で食べ、後には三〇人で食べることになった。一〇人の仕事はしばしば一人でできることであり、大鍋飯（働きの如何にかかわらず同じ待遇を受けること—悪平等）は人を大飯食いにし、無能に変えた。

その次に、共産党は数十年の統治の中で、絶えず政治運動が続き、多く仕事をすれば多く間違いを犯し、少なく仕事をすれば間違いは少なく、仕事をしなければ間違いはないとしばしば言われた。この種の政治教訓は共産党の官吏が積極的な主体性を失い創意性もなくし、仕事ではただ過ちの無いことを求め、事にあたっては責任逃れし、天下の為に先立つ官僚は全くいない悪い習わしができてしまった。

一九八七年初、上海では一件の規模が大きくない中外合資企業を作るにあたっても、プロジェクトの立案から調印に至るまで一二六の公印を必要としており、朱鎔基はこれを以て突破口とする決心をした。一九八八年六月一〇日、上海市政府は新聞発表会を開催し、正式に上海市外国投資工作委員会は投資額が五〇〇万以上、三〇〇〇万ドル以下の外国企業投資項目及び関連の行政サービスで「一箇所の窓口、一個の印章、一箇所の機構」の対外ワンストップ　ステーション　サービスで審査・許可することにし、朱鎔基自身がその任に当たり、毎日二四時間申請を受け付ける上で、タライ回しはしないことにした。

これにより、能率は大いに上がり人々はこれを「朱鎔基の一つハンコ」と称した。

朱鎔基はさらに財政請負制度を推進し、各区が基数を査定し審査・許可後執行することにした。同時にさらに商業財政権と管理権は元所属していた市商業公司が各商業部門に権限を委譲し、労働給与基数、新規増加労働力計劃指標等は、区労働局に移管が政策について彼は市政府が掌握する大権を二二カ所の区、県政府に権限移譲し、一〇〇〇万元以下の生産性基本建設プロジェクト、五〇〇元以下の非生産性基本建設プロジェクトと一〇〇〇万以下の技術改造プロジェクト、及び五〇〇万ドル以下の外国貿易プロジェクトと外資利用プロジェクト、は共に各区県政府が自主的に審査、許可することにした。

上から下にまで各段階での権限移譲の行政制度改革は、各区県の積極性を高め、行政効率も又明らかに上り、上海対外貿易、外資利用、外資企業の発展、技術導入等各方面が、すべて迅速に伸びた。

効率とは効果と利益である。朱鎔基は中国共産党内で最も高効率行政を追求する指導者であり、また「時間は即ち金銭である―タイム　イズ　マネー」アメリカ精神の推進者であった。

一九八九年四月一七日、朱鎔基は上海市第九次人民代表会議で施政報告を行った。「全市GDP総額は六一二億元（前年比プラス一〇％）、国民総所得五三三億元（前年比プラス一〇・八％）、工業総生産額一、〇八三億元（前年比プラス一〇・五％）、農業総生産値二六億元（前年比プラス六・三％）、輸出総額、史上最高の四六億ドルに達した。地方財政収入超過を達成し一五三・五億元となり、中央財政に一〇五億元の請負額を上納した。市民生活と関連している七件の計画はすべて達成した」話しが丁度終わると、会場内にはしばし止まることのない熱烈な拍手が響き渡った。中国の公式会場で拍手の規則習慣を知っている人達は、これは型通り行れる形式的な喝采をする場所ではないので心中よりの尊敬、敬服、賞賛の拍手であった。

大会の実況はTVメディアを通じて同朱鎔基の成功は一つに彼が上海が局面を打開できない問題のキーポインを十分に掌握しており、それは中央が上海の財政をコントロールしていることであり、上海に赴任する前に趙紫陽に対して上海にいけば財政請負制をさせてほしいと要望していたことに起因していた。

政策はすなわち資金であり、資金があって初めて各方面を動員することができ、積極的に改革開放を行い、市政建設をする時に上海市の家ごとに放送され、市民も又心の底から「朱鎔基は本当に仕事をしており、話はすべて本当のことだ。一人の素晴らしい市長に出会い、上海人はきっといい日を過ごし始めることができる」と喜んだ。

歴代の上海の市長は朱鎔基に至るまで初代の陳毅を初めとしていずれも有名人であり、江沢民が八番目、朱鎔基が九番目であったが、真に上海の発展に最も貢献したのは身命をかけて率先垂範、改革開放を推進したのは朱鎔基であったことを今に至るも上海人が高らかに誇りを以て評価されている。

また二つ目に朱鎔基は非常にしっかりしたマクロ経済の戦略決定能力を有しているだけでなく、その上政策を実践するに当たり、人治の共産党集権体制中の権力効果を極限まで運用発揮できたこと。

三つ目に民間の悩みと苦しみ及び民衆の心理を十分に知っており、施政演説やすることとなすことが、民が急を要すれば急ぎ、民が望むことを望み、民の為に仕事をし、部下には公正で清廉潔白であることを求め、民心を勝ち取り、支持を得た。

これにより短期間で多くの業績を上げることができた。

これまでの上海市長はそれぞれに著名な政治家ではあったが、現在上海繁栄の基礎を打ち立てたのは朱鎔基であることは誰もが認める事実である。

二五〇〇年前に孔子が魯の国政が乱れていることを悲観して弟子を引き連れ出国し、周辺の国々を回って、自分に国政を任してくれたら三年で豊かで礼節の整った国にして見せると説得して回ったが、いずれの国もそれぞれの事情があり空しく故郷に帰らざるを得なかったが彼は儒学を残した。

これを思うと朱鎔基は見事に三年で、上海を立て直し、中国の改革開放政策が行き詰まった時に、上海での実績を基礎として、中国全体の改革開放政策の救世主として鄧小平を説得して社会主義計画経済から社会主義市場経済への転換を成し遂げた。

孟子が「偉大なリーダーを育てるには数々の苦難を与え、筋骨をたくましくしてはじめて大任を果たすことができる」と言っているが、朱鎔基は正しく青年期からの勉学と、実業に入って、大躍進や文革で二〇年の最底辺での下放を経験し、中央での官僚生活も十分経験したうえで、上海市長の大成果をもって中国全体の驚異的な高度経済成長をやりとげる最高のリーダーとなった。孟子が理想とした天が与えた大任を果たすリーダーになった。

（8）「六四」事件の武力を用いない穏健な解決

一九八九年四月一五日早朝、中共の党内で最も開明的で〝改革派〟の指導者で、鄧小平と陳雲、趙紫陽等により失脚させられた胡耀邦元総書記が心筋梗塞により逝去した。胡耀邦の追悼をきっかけに学生らが北京で起こした民主化要求運動が全国を席巻した。たちまち上海に伝わった。改革の代弁者と称する上海の〈世界経済導報〉は共産党の専制体制と鄧小平を批判する胡耀邦追悼号を発行しようとした。時の上海市党委員会の書記であった江沢民は、先にこの動きに対して硬軟両様の方法で対処し〈世界経済導報〉の編集長欽本立に微妙な表現を削除し、検閲した新聞を発行させようとした。欽本立は審査の時には勢いよく、民主運動の趨勢と学生との平和対話の趙紫陽路線に追随することにしていたが、改版発行が拒絶され、江沢民は強硬手段を強行せざるを得ず、〈世界経済導報〉の発行停止を命令した。江沢民のこの強硬な姿勢は李先念、陳雲、鄧小平の同意を得て、ついに一九八九年五月下旬江沢民を抜擢し、北京に赴任させ趙紫陽に替って中国共産党中央総書記に昇任することになった。

上海の党と行政の全権はすぐ朱鎔基に移譲された。

これと同時に鄧小平は李鵬、姚依林及びその時の北京市党政指導者の李錫銘、陳希同等強硬派の提案の下、六月四日武力を用いて綺麗に片付ける命令を下した。「六四」殺傷事件が内外を震撼させた。上海も又非常に緊迫した雰囲気に包まれた。

「六四」その数日は、悲憤した上海の学生が街でデモ行進を続け、市民も街頭に出てバリケードを敷設し、上海は大混乱に陥り、麻痺状態になった。市政府の一部の幹部は、北京モデルを模倣し軍隊を動員して強制的に統制し秩序を維持するよう提議した。

六月八日、朱鎔基はテレビを通じて講話を発表し、市民学生と直接対話する方針で混乱した局面を整えることに決定した。すぐテレビの生放送をする前に、朱鎔基は準備室の中で往ったり来たり歩きながら真剣に考えていた。はっきりと清華学生連合会の共産党側の幹部は、あの時国民党北平警備司令陳継承が、横暴に装甲車と武装兵士を配置して学生連合会を鎮圧するよう命令を下し、流血大惨劇になった情景を思い起こし、気分が落ち着かなかった。朱鎔基は自分ならどうするか考えて、民衆の気持ちを思いやり、青年学生の感情に対する理解と同情に思いをはせて、彼はテレビ講話に臨む前に、毅然として秘書が彼の為に起草した原稿「党中央決議を断固擁護する」と「反革命の暴乱を平定する」という文言を使わなかった。

彼は慎重に市民の切実な利害から話を切り出し、老婆心から繰り返し忠告し、直接真心をこめて話し出した「上海は既に危険が急迫し瀬戸際に立っています交通が渋滞し、幾つかの病院は危篤の病人の緊急救護の為の血漿が無く、酸素もない。ある地区では亡くなった人が死後遺体が臭くなっても運び出せない。甚だしきに至っては公共バスをひっくり返して燃やし、パトロールカーやモーターサイクルを焼き、当番の民警を殴打する様なひどいことになっています。

私は市長として、この数日断固として法を執行することができていません。市民の正常な生活を保障することができずとも、不安で心がとがめています。非常に多くの同志が我々に武装警察を動員するよう要請しており、もっと強くは軍隊を出動するよう要求しています。私は市長としてここに厳粛に表明します。市委員会、市政府はこれまで軍隊を動員することを考慮したことは無いし、これまで軍事管理や或いは戒厳令を考慮したこともありません。」

続けて、朱鎔基は話題を一変して技法的にあいまいな言葉で語った。「最近北京で発生したことは歴史的な事実であります。歴史の事実は如何なる人も隠すことはできません。歴史の真相は将来すっかり明るみに出ます。……皆さんはなぜ現在そのようなデマを真に受けるのか？上海がもし万一大乱になるとどうなるのか？」「学生諸君、私は皆さんに送ったこの対聯（ついれん）を受けていただきたい、上聯は〈上海を安定させよう、大局を安定させよう〉、下聯は「生産を堅持し、生活を保障する」である。

扁額は「上海は乱れるわけにはいかない」です。皆さんは法制を重んじられるのではないのか？法制が無ければ、民主は何処から来るのか、またそこに個人の自由はあるのか？学生の皆さん私の心の底からの言葉を聴きとってください」「市民のみなさん、私は皆さんが合法的に選出した市長であり、中央、国務院の許可を得ています。この一年、私は皆さんが私を信任し、支持していただいていることに感謝します。私は必ず、私ができることの全てを尽くして、大多数の市民の願望に基づいて仕事を進めてきました。私の仕事はまだしっかりとはできていないけれども、しかし私は間違いなく上海振興、中華の偉大事業の振興の為に貢献することを決意しています。この危険にさらされている時期に、上海を安定させる為に、大局を安定させるために、法制を擁護するために、人民を保護するために、私は自分の生命を惜しまずこの目標を実現させることを保障します」

如何なる共産党の政府筋の紋切調の挨拶ではなく、中央政府と北京の虐殺行為が有ったことには触れず、普通に世間話の言葉で市民や学生には理を以て、行動者には情を以て利害と利益の所在をはっきりしさせ、ねんごろに皆が共同に軍隊を動員せずに、上海が乱れることのないように「双方が満足できる」局面を実現した。特に「歴史の真相は将来はっきり証明される」の一句はまるで天がもたらした筆で書かれたように、この経済鉄人が扮装して社会正義の守護神をつかさどり、理性と民主の光輪をかぶせられていたようであった。

全く疑いなく、これは朱鎔基の生涯で最も成功した演説であり、テレビのライブを通じて数千万人の心の琴線に触れた演説であった。真心を尽くし、聞くものは皆朱鎔基が素晴らしい講話を行ったと称賛し、内容は正しく、とても生き生きして精彩を放っていたと評価した。

これと同時にこの人間社会の世情に通暁し、「経済刺激」の有効な方法を使った。朱鎔基はその晩各区、局の責任者を召集し、一〇万人の産業労働者と退職労働者を組織する指示を出し、一人当り手当三〇元人民元（約半か月分の賃金）の手当を出し、労働者監察隊を組織し、街を歩き、バリケードをきれいに取り除き、標語やスローガンを消し去り、秩序を維持した。六月八日から一〇日まで、全てで三二万人が出動し、完全に上海の社会秩序を回復し安定させて、一兵一卒も動かさず、武器を使わず、上海の混乱局面を冷静に明瞭に片付かせることができた。

朱鎔基が理性的対話と経済刺激の方式により混乱することなく上海市民学生デモを解決した「上海モデル」は鄧小平の是認と江沢民の支持を得て、合わせてひそかに「鎔基はうまくやったな」とほめた。

上海が落ち着いた政治ムードを作るために朱鎔基は文芸界の有名人から着手し、文学大家巴金八五歳の誕生日に花籠を持って巴金と同年齢の羅漢松と一緒に巴金の家を訪れた。少年時代から崇拝していた作家に対して敬意をはらって、述べた「私は魯迅を崇拝しています、また貴方を尊敬しています」朱鎔基のこのように民と親しみ、文芸を尊重する姿勢は、上海と全国の知識分子の好感を得た。朱鎔基のこの行動は内外で「穏和的進歩派」のイメージを確立し、幾つかのマスメディアは彼を中国のゴルバチョフと伝えた。


「六四」後、中国はアメリカを初めとする西側の経済制裁を受け、中国の外交は壊滅的とも思われる打撃を受けた。

鄧小平は深思熟考する政治家であり、朱鎔基が海外で進歩的で温和なイメージがあることは利用価値があると見抜き、「六四」後三回朱鎔基に代表団を引率して香港、シンガポールと欧米を回るよう派遣した。それは西側が経済制裁を停止、中国経済を発展する為に外資を獲得し、国際環境を改善する目的であった。朱鎔基はその卓越した学識、才能、弾力性のある臨機応変なエスプリとユーモアにあふれた言動は改革開放政策を継続推進することにも国際的信頼を取り戻すことにも成功した。

朱鎔基がひたすら培ってきた自己啓発と実践が改革開放の行き詰まりを打開するに当たって、救世主の如き役割を果たしていくことになった。

（9）浦東開発と南巡講話

「六四」後、中国はアメリカを初めとする西側各国の経済制裁を受け、経済発展の情勢は大きく変化と挫折を受けた。

鄧小平は江沢民を主とする中国共産党の新指導グループに対し、浦東を開発し、上海をモデルケースとして、率先して再度高度経済成長の先駆けとする提案を行った。

一九八九年一一月江沢民は命を受け上海に赴き、鄧小平と中央の「浦東開発」に関する指示を伝えた。

朱鎔基はこの浦東開発の大プロジェクトに対し、周到且つ慎重な態度をとったが、浦東を開発することが上海経済を発展させ、ひいては中国全体の改革開放を促せば巨大な価値を生むことを誰よりもよく理解していた。

但し彼はさらに中央政府が外国企業の投資開発を誘導し引きつけることができるように各種の優遇政策を用意して、基礎インフラ建設のため先行投資資金を必要とすることを痛感していた。

朱鎔基は鄧小平が浦東開発をしなければならないという決心をした後、江沢民がその決心を受け入れたことから、チャンスがすでにやって来たことを感じ取り、すぐさま動いた。

自ら何回も実地調査を行い、現場会議を開き、開発構想を立案した。

一九九〇年初、慣例通り鄧小平が上海で春節を過ごした時に、朱鎔基はすでに用意していた〈浦東開発に関する指示伺い書〉を持ち出すと、鄧小平は非常に喜んで、言った…。「浦東開発は遅れた。しかしまだ間に合う」と。この報告書は李鵬が主宰する時機を逃さず国務院に送られて決裁されることになった。

鄧小平は三月三日に江沢民、李鵬等と談話して、言った。「適当な発展速度を実現しなければならない、眼前の事務処理で丸をつけるだけでは駄目であり、マクロ戦略の観点で問題を分析し、具体的な措置を出すことが必要である。チャンスを逃がしてはならない。

意思決定は事前にかなっていなければならない。どこの地方の条件がさらに良いか検討しなければならない、さらに莫大な財源が必要だが用意できるのか。すなわちこれは一つの大プロジェクトである。上海は我々の切り札である。上海からやり始めることが一筋の近道である」

鄧小平の話は疑いを入れることができない「鞭打ち」であり、李鵬はすぐに浦東を開発する決定を行った。

鄧小平の浦東開発の構想を、陳雲はずっと深圳特区に反対し、これまで深圳へは行ったことなかったが、陳雲は特区経済の存在の歴史的意義と価値を理解していた。陳雲が浦東開発を支持したのは、直接的な考え方は故郷が浦東開発の中で恩恵を受け、発展を得ることができることであり、間接的な意味はまた鄧小平の経済発展路線に歩み寄ったことであった。

李鵬は鄧小平の催促と陳雲の賛同を得て、怠慢に引き伸ばす勇気もなく、すぐ四月に上海に飛び、国務院を代表して上海浦東新区開発を認可し、合わせて特区の優遇政策を実行することに同意した。

朱鎔基は浦東開発新区の許可を獲得後、象牙の塔にいる学者や専門家は研究室に閉じこもって車を作り客観的状況を考慮せず主観にだけにたよって物事を行う弊害があることを知っていたので、すぐには学者や専門家を召集しなかった。

彼は別途一筋の開発特区建設の新しい道筋を路を開くこととした。

朱鎔基は視察団を組織し、上海と条件の相似している香港、シンガポール及びアメリカを訪問し、浦東開発計画を作成する参考にし、合わせてこの機会に乗じて開発資金調達の可能性も調査することとした。

一九九〇年六月、朱鎔基は上海経済代表団を引率して相前後して香港、シンガポールに二週間の視察訪問をした。

一九九〇年七月一〇日から八月二日まで朱鎔基は中国市長代表団を引率してアメリカに行き視察した。

朱鎔基は上述の二ヵ国一地域を視察訪問した後、非常に収穫のあったことについて次のように語った。「総じて大きな収穫を言えば幾つかある、一つは経済発展の中で三次産業の地位と役割を高度に重視しなければならないことである。

香港の経済繁栄は次三産業の発展によるものである。金融、貿易、情報、コンサルテイング、観光等サービス産業の業績である。香港は東南アジア各地域の為に金融貿易センターとしての重要な役割を発揮し繁栄している。

二つ目には高度にインフラの建設と管理が大いに重視されていることである。都市建設の初期においては、インフラを先行しなければならないことを強調しなければならない、更に政府はインフラの管理を強化し、有償で使用することを実行し、資金を回転して開発していることである。

三つ目には人材の育成と活用を高度に重視していることである。都市経済の繁栄には、多数の国際知識、管理知識を有する国際的に通じる人材を必要としている」

一九九〇年九月一〇日、朱鎔基は主宰し、「上海浦東新区九項目の具体的政策と規定」新聞発表会に出席した。その具体的政策と規定は次のような内容があった。中国人民銀行（中央銀行）より一九九〇年九月八日発布の〈上海外資金融機構、中外合資金融機構管理弁法〉。同日上海市人民政府は〈上海市外高橋保税区管理弁法〉と〈上海市浦東新区土地管理若干の規定〉等。

綜合九項目の具体政策と規定、朱鎔基の浦東新区の新思考、金融、貿易、インフラ三項目を先行させる。

具体的に外国投資優遇の中では、上海浦東は長江の龍の頭の如き地形であり、アジア太平洋に面した優越した港湾の条件を備えている以外に、深圳・アモイ特区と比べて、朱鎔基は明らかに中央から次の四項目の特別優遇条件を取得していた。

① 浦東区に自由貿易工業区を建設すること。

② 外資銀行を導入し、証券取引所を開放すること。

③ 一部企業に株式を譲り渡すことができ、また株券の形式で外国企業投資を引き付けることができること。

④ 土地の移譲と不動産市場の開放に当たっては、譲渡、貸出し、抵当、相続等さらに融通が利く政策を許可し実行すること。

その中金融先行と外資銀行が浦東に設立登録すること、証券取引所開放は香港訪問時にアメリカのインターナショナル　グループの会長グリーンボーカーの意見であり、浦東新区開発の為に多くの外資を引き付ける上で非常に魅力のある措置であった。

浦東新区開発の新聞発表会は実際上鄧小平が推進し、朱鎔基がそれを代表して、九〇年代中国が対外開放を拡大し、継続推進する進軍ラッパを鳴らし、世界各国に相当大きな反響を呼んだ。

タイ国の代表的な華僑企業ＣＰ（チャロン・ポカポン）正大集団のタニン・チャラワノン（謝国民

会長）は二〇一六年九月日本経済新聞の〈私の履歴書〉九月二一日版で朱鎔基市長との次のような会談を記している。「上海市は市内を流れる黄浦江を境に浦東と浦西の二つに分けられる。

浦西は商業地区として繁栄していたが、浦東は造船所が有るくらいで残りは農地が広がっていた。

正大集団は上海では養鶏業やオートバイの生産ですでに成功していた。朱市長は我々に浦東の開発を依頼してきた。浦東のような荒れ地には香港の不動産業者も関心が無かった。

だが、私は〈ここはいずれ発展する〉と直感した。浦東開発はそれこそ道路の造成から始めなければならなかった。ここにさらに四億五〇〇〇万ドルを投じて商業施設〈正大広場〉を建設した。上海のシンボルになった東方明珠テレビタワーの袂だ。開業は二〇〇二年とかなりの時間を要したが、私がにらんだ通り浦東は橋やトンネルで浦西とつながり上海第二の繁華街に変貌した。浦東を足掛かりに正大集団は中国にスーパーマーケットのロータスを開業し、今では中国全土に八〇店を超える販売拠点網を築いている。養鶏、養豚に必要な薬品の製造から出発し薬品事業にも幅を広げた。〈三九胃泰〉〈青春宝〉などのブランドを持つ製薬会社企業二〇数社に出資している。正大集団は青海省、チベット自治区を除くすべての中国の地域に関連企業を設立し、中国のグループ企業は三〇〇社を超えた。農業、食品、家電、自動車製造、番組制作、小売り、製薬……。これまでの総投資額は一〇〇〇億元、一五年の売上額は一〇〇〇億元を近い。正大集団の発展は鄧小平を信じた結果であり、朱鎔基のトップセールスが生み出した結果であった」

二〇一四年に正大集団が日本の伊藤忠商事と提携して超特大の一兆二〇〇〇億円に及ぶ共同出資した中国投資信託公司は奇しくも、朱鎔基が一九八〇年中国国際信託投資公司訪日代表団の一員として参加し資金調達と投資受入れ促進を日本国貿促と初歩的な協議をし、今や中国最大のコングロマリットに発展した大企業である。

日本企業も陸家嘴地区の金融、保険関連企業、外高橋保税区、金橋、張江開発区などに家電の松下電器、シャープ、日立が進出し、通信・制御関連のオムロン、NECが工場建設を行い、短期間に外資導入、外国技術導入がすすめられた。

工場建設の土地整備、道路整備、給排水、電気、ガス等のいわゆる五通一平も浦東開発区管理委員会の管理運営で行われ、シンガポール、タイ、韓国の工業開発区の経験が大いに生かされた。

一九九一年二月、鄧小平は中国共産党元老の李先念、楊尚昆一同を引き連れて上海に赴き春節を過ごし、朱鎔基が浦東新区開発の活動報告を聴取した。

朱鎔基の浦東新区の開発には金融、貿易、インフラの三項目を先行すると報告した時、鄧小平は賛同して黙っておれず語った。「金融は非常に重要であり、現代経済の核心である。金融がしっかりすることだ。一つがはっきりすると、局面は生き返り、すべてが皆生き生きとする。上海は過去金融センターであり、貨幣が自由に兌換できる場所であった。今後も又このようにしなければならない。中国が金融面で国際的地位を取り戻そう。まず先に上海に頼らなければならない。私が改革を重視するのは新しい構想が必要だからだ。すなわち改革を重視するには十年前の新方法、新措置と同じものであってはならない。新しい状況を研究して、新しい構想を探求する、更に一歩思想を開放するに当たって肝心な点は、思想を開放することでこれは一度苦労すれば末永く楽ができるということではない。すなわち計画と市場の関係から言うならば、ある一部の同志はいつも計画経済は社会主義と同じであり、市場経済は資本主義と同じであるとする習慣がついている。この種の見方はここ数年の実践が、すでに実状に適していないことを証明している。計画と市場はただ資源配置の二種類の手段と形式であり、社会主義と資本主義の標示ではない。資本主義にも計画があり、社会主義にも市場はある。この問題で、我々は新構想を行き詰まらせてはならない。要するにさらに一歩思想を開放し、第二歩の戦略目標に必要な条件を整えることを保障することだ」

鄧小平のこの理論と意見は、すでに朱鎔基の浦東新区開発の構想を是認しており、また丁度中国経済の整頓を主宰する李鵬、姚依林の不満でもあった。浦東新区開発は朱鎔基の具体的発展計画に基づき、鄧小平の強力な激励と陳雲の支持が上海を九〇年代の一つの国際的な開発スポットとさせた。

朱鎔基は鄧小平一行が帰京した翌日に非常に聡明な形で、つまり市委員会副書記、宣伝主管の陳至立、〈解放日報〉副党委書記兼編集長周瑞金等関係幹部に非公式な伝達方式で上海に於ける鄧小平の関連講話の精神を伝え、有能な評価をしている周瑞に著作グループを組織し、上海浦東新区の開発、全国の経済改革の情勢を、鄧小平の精神に加えて詳しく解釈した。同時にさらに具体的な指示として…を第一版の目立つスペースを取り、連続して幾篇かの文章を、全国に向けて発信し改革の風を吹かすようにした。しかし、中央の〈人民日報〉は陳雲や鄧立群等左派の指導下にあり、「反和平演変―社会主義政権の平和的な転覆」が主要テーマになっており全国版は転載できないという回答であった。

朱鎔基は情勢を考慮し、二月一五日〈改革開放のリーダーとなる羊〉という題する周瑞金の文章を出し、自分の部署から三月二日には〈開放の意識をさらに強化しなければならない〉と題する一文を、四月一二日には〈改革開放には多数の徳才兼備の幹部が必要である〉と題する文章を発表した。これらの文章は〈皇甫平〉の筆名（黄浦江評論の意味）で巧妙に「平」の文字を加えて、鄧小平講話の精神を書いている。これは朱鎔基の思想の特色を示した論評である、改革開放は取りも直さず先進的社会化商品を大生産方式で社会主義経済に注入し、社会化商品生産方式は決して「社」という姓でもないし「資」という性質の問題でもない。これは鄧小平が計画と市場について弁証法を引用したものので、市場経済商品生産の性質をさらに簡明に肯定したものであった。文章発表後の反応は直接朱鎔基の事務所に送られ、朱鎔基は則鄧小平事務所に転送した。

皇浦平の文章が発表されて後、李鵬を初めとする中央は元老の陳雲、李先念、王震の支持を受け、上海市委員会と解放日報に反撃し、それぞれに反論を行った。王震は烈火の如く激怒し、「我々の身辺には一人のゴルバチョフが寝ている」と言った。左派はさらに周瑞金を懲罰することにしたが、朱鎔基は周瑞金が香港の〈大公報〉に赴任し、主要な決定を行う責任者になったと公表した。一九九一年五月、当時上海市委書記の仕にあった呉邦国は、すでに北京で副総理に就任していた朱鎔基に電話で批判され圧力を加えられている状況を報告した。

朱鎔基は上海市委員会に電話をして、明確に言った。「中央は〈皇甫平〉の文章の観点にどんな過失が有るのかまだ表明していないし、討論もしていない。上海の状況はそれほど複雑であり、浦東開発が万人の注目するところとなっており、中央は大きな期待を寄せており、肝腎な点は我々自身が事情をしっかりつかんでおかなければならないということだ。あれこれの見方があるが、結局どんな見方も我々よりよいものはない」と。

呉邦国は上海市委員会の指導者が電話の中から朱鎔基が北京で受けている李鵬グループの圧力を感じとった。

しかし彼は相変わらず毅然として立場を堅持して責任を引き受け、問題を鄧小平に振り向けることはせず、なにごとによらず変化に驚かず又適切な言動が政治的立場を示した。

しかし皇甫平は第五篇の文章を継続せず、改名して吉放文（解放文の意）とし思いがけない時に改革開放を宣伝する文章を書き、攻撃より守勢に転じた。

人民日報の編集長高狄と李鵬等は休みを返上した。九月一日、高狄は、〈人民日報〉理論部の副主任李徳民に命じて、〈すべては革命のため〉という社論を起草させ、李瑞環が審査後、高狄は無断で社説の中で改革開放は〈必ず先に姓「社」、姓「資」の論述をすべきである〉と加えた。その晩、原稿は高狄が加筆した社説がＣＣＴＶ（中央電視台）の連続放送で放送され、鄧小平が聴き、怒りが収まらなかった。すぐに李瑞環を探し出し事情を聞きただし、この話を削除するよう命令を出し〈人民日報〉は全面的に鄧小平路線を批判していると考えた。

鄧小平は、反撃の命令を下し、次の日の〈人民日報〉は〈姓社姓資〉の一段は掲載されず、〈人民日報〉発刊以来初めてのことであった。

一〇月一五日夜、朱鎔基は国務院副総理の身分で上海を視察し、新錦江ホテルに於いて上海市共産党委員会で常務委員にこう話した。「我々の輿論はみな改革開放の輿論になっているに違いないし、確固不動の方針は広報宣伝をしなければならない。〈皇甫平〉でもいいし〈吉放文〉でもいい、ただ改革開放の為に声を上げ激励してくれれば、私にとってはすべて良い文章である」

朱鎔基の講話は、上海各クラスの党委員会の中で伝達され、非常に速く北京にも伝わった。

李鵬はこれを聴いた後、やはり納得していなかった。朱鎔基が中国として入会したばかりのIMFと折衝して資金調達に成功し、建設納期も半年早く二年で完成した黄埔江を跨ぐ浦西と浦東を結ぶ現代化を象徴するモダンな南浦大橋を完成させた。そのテープカットの為に一ヵ月後に上海に来た時李鵬は、きわめて強面で意図的に言った「〈高甫平〉の文章は非常にまずい。中央がやっと統一した思想を又乱してしまった」と。


鄧小平は李鵬の放言の報告についてを聴き終えると、南巡を行うことを決定した。自ら表に出て朱鎔基を後押しするために、一連のさらに一歩進んだ改革開放を発表した。誰でも改革開放をしないならば、すぐ舞台から下りてもらう。楊家将もまた直ちに解放軍側が改革開放を支持し「全力を挙げて護衛する」談話を発表した。一九九二年二月四日、鄧小平は上海と南京の軍区責任者と会見し、特に「皇甫平」の文章をはっきりと肯定した。「〈皇甫平〉のあの文章は非常にしっかりと書いてある。観点はすべて正しい。あの文章の背景を調べている人物がいると聞くが、もう一度調べて、君たちはすぐ彼らに私が書いたと伝えてほしい。観点は私が話したものであり、かれらに私を調べさせろ」

鄧小平が解放軍の南巡講話支持「ムチ打ち策」を以て説得したことに対し、李鵬は直ちに鄧小平に対し忠誠を誓い、改革開放の「露払い」をしたいという手紙を出した。

江沢民も又すぐ方向を転換し、喬石の調整の下、中央党学校で鄧小平の南巡講話を支持する政治演説を行った。

　朱鎔基はしばらくして上海に行き、鄧小平の南巡講話を学習する報告の中で、一句の名言を吐露した。「何が社会主義かどれが資本主義か、私はただ共産党がやることをまかされればそれが即ち社会主義であると考えている」

　その昔反「右」事務室主任を務めた鄧小平は務鄧小平はこの話を聴かされた後、大げさに脱帽して、この名誉回復させてやった右派に対し「本質をよくつかんでいる」と評したと言った。

（10）副総理に昇任、社会主義市場経済への転換

「六四」事件が終結後、趙紫陽の政治的民主改革を通じて経済改革政策を進めることは成功せず、改革開放政策が頓挫し、大ピンチに陥ってしまった。鄧小平は、このままでは数百万人の難民があふれ出し、国内の治安も制御できなくなるかもしれないに危機感を募らせていた。この三年間低迷した政治経済を冷静に観察して、李鵬を主とするソ連留学派は輝かしい革命の学歴から、ただ計画経済が良く、硬直して時代遅れの中央集権意識を書くだけで、完全に没落した一組の赤色貴族グループとなっている。言うまでもなく、これらの民意に欠けている、ソ連留学派は西側の科学技術政治経済潮流を追いかけることはせず、反って鄧小平の経済改革路線を否定し、〈和平演変―社会主義政権の平和的な転覆〉論争の渦中にあった。

鄧小平が晩年に出した一つの重要な決定は李鵬に変えて朱鎔基を選ぶことであった。朱鎔基は間接的にアメリカの科学技術訓練を受けた英語派であり、中国と西側の経済理論、経済構造に通暁しすでに新局面を切り開くことができ、経済哲人のマクロ経済の戦略や方策を決定し、経済的側面で広める上で実事求是（実際に基づいて正しく行動する）を実践し、穏健であり、行き過ぎたことや軽率なことをしない。このように朱鎔基を用いて中国経済を主管させるのが、鄧小平が近代化された超大国中

国を構築する夢であった。その上、時機も又熟していた。上海の改革開放の局面は打開された。浦東新区の開発はすでに軌道に乗っていた。「皇甫平」の文章はすでに弓の弦を引かれ放たれるのを待っている状態であった。朱鎔基を西側世界に行かせ、イメージを変える優秀な広報外交で、活動はほぼ十分な役割を果たしている。中国経済は二年余り地滑りしてしまった。朱鎔基を北京に異動させるのはこの時である。

一九九一年春節、鄧小平と楊尚昆、李先念は一緒に上海で朱鎔基が浦東新区開発に関する構想を聴き、朱鎔基を称賛し、益々高い評価をした。鄧小平は保守派元老に説明する意図があった。元中共新四軍指導者の一人で、上海人事に関し相当な影響力を有し、江沢民を総書記の職に積極的に推薦したのは李先念であった。李先念は当然鄧小平の腹中にある人物と分かって、反対しなかった。鄧小平はただ朱鎔基を北京に転勤させ副総理に当たらせ、李鵬が国務院の仕事をうまくすすめるよう協力させようと密かに漏らしていた。

鄧小平はこの意図を中共保守派の元老のトップ陳雲と彭真にも根回しをしていた。

彭真と、陳雲は踵を接して上海に行った。彭真はまず先にはっきり態度を表明し、朱鎔基が副総理になることに賛成した。陳雲は先に拒み後で迎えるという、意味深長な演技をした。

陳雲は語った。「雛家華は昇格できる。朱鎔基は右派であったことがあり、政治上さらに厳しく考察する。李鉄映も考慮できる」

鄧小平は彭真が賛成し、李先念は反対しない、陳雲も又これ以上話をすることのない曖昧な態度であったので、聞き過ごしておき、朱鎔基を国務院に転勤させる決心をした。

一九九二年三月、鄧小平弁公室は国務院と人民代表大会党組織事務室に一通の通知を出した。鄧小平のこの一通の通知が中央政治局の会議に伝達討論された時に、李鵬は手の付けようがなく、「一週間前に私は党人民代表大会では副総理級の人事変動は行わない」と言った。

姚依林は即刻呼応して詰問して言った。「このような一日一件の命令では、我々にどんなふうに仕事をせよとおっしゃるんですか」と腹を立て怒鳴った。「姚この人は駄目だ、身体も悪い、また出てきてはいけない。国務院の仕事が十分できていないのは、彼に半分の責任がある」

陳雲はこれを聞いて、大急ぎで大弟子の為に仲介して、姚依林に仕事を続けながら、休息させることにした。彼は秘書に朱鎔基が発表した一連の文章の要約を読ませた。例えば、工業構造を調整すること、資源の優越化配分すること、盲目的な重複投資建設に反対すること、企業は責任請負制を実施し、それにより経営管理と技術進歩を強化すること等であった。同時に彼は又馬洪が説明して了解している、朱鎔基の仕事の態度が謹厳実直そのものであり、マクロコントロールに強く、その当時の「右派」言論はただ「空」対「空」の官僚主義と実際の経済指標が一致していない時の事であり、陳雲はこの毛沢東によって、〈右傾〉と称した「鳥籠経済」の権威もまた同類の人は互いを思いあう気持ちになった。

私的な面から考量すると、陳雲はすでに朱鎔基が主導する規画の浦東新区を支持していた。合わせて当時中国人民銀行副行長の子息陳元が、浦東新区開発事務所の副主任に就任し支持を表明しており、わざと好意を見せつけて初歩投資をした。長期的に見て李鵬、姚依林は〈安心〉できるが、一人は能力に確実に限りがあり、もう一人は身体が悪く老いており、この種の新旧問題と矛盾が交わる経済転換期に対応するには非常に困難であり、早晩下りなければならない。鄧小平は明らかに朱鎔基の能力をしっかり見ているし、後継者争奪の投資戦の中で、鄧小平に独り舞台の主役をさせておくわけにはいかない。中国共産党の経済権威の元老として、又子供の前途を託す人物がいないだけに、朱鎔基に重点投資をした方がよさそうであると考えた。

一九九一年四月一二日、中国共産党第七回大会四回目の会議で、雛家華、朱鎔基が正式に副総理に任命された。李鵬は国務院総理として朱鎔基を副総理に任命する議案を説明した時に、次のように紹介した。「長期に亘り経済工作に従事し、我が国の経済状況に対し比較的熟知し、事業意欲が強く、活動には迫力があり、勇敢に問題を処理し、穏やかで行き過ぎや間違いがなく、比較的強い組織指導能力と政策理論レベルを有し、生活態度が立派であり、同志と良く団結し、自分自身に対する要求も厳格である」と李鵬が参会者に対し公式紹介を後送りしたので、朱鎔基は上海市政府代表団を率いてヨーロッパを訪問していた。四月二六日、朱鎔基はヨーロッパ訪問を終えて、命令を受けて直接北京に行き国務院に報告して、翌日陳雲弁公室から「陳雲が上海で彼を待っている」という電話を受けた。

四月二七日夜、朱鎔基は急いで上海に飛び、虹橋飛行場から直接陳雲が宿泊している西郊賓館に赴き単独接見を行った。

陳雲はめったにないはっきりした口ぶりで、朱鎔基の上海での活動を称賛し「国務院の指導工作を強化することを相談して、幾人かの副総理を増加し人選をした時に私と鄧小平等の元老同志は事前の約束も無く君のことを話し合った。」と故意に漏した。

談話がここまで来た時、陳雲は又秘書に命じて外で待命していた新任の上海市委員会書記呉邦国と常務副市長黄菊を呼び入れ、彼ら三名に一幅の書を与えた。「不唯上、不唯書、只唯実、交換、比較、反復━唯々諾々とせず、教条的にならず、実際に応じて、意見を交換し、物事を比較し、反復する」という一八文字の箴言を記した掛け軸であった。

陳雲は語気鋭く年長者の話した、これは彼が一〇年の経済改革開放戦略としていたもので、その利害の経験と教訓を総括したものである。話した。

朱鎔基等幹部が仕事の中でよく自ら体得してくれることを望むものである。陳雲弁公室はすでに新華社に通知して記者にインタビューと写真撮影をし、全国に写真と報道を送った。

四月三〇日、陳雲は朱鎔基に北京に付き添って彼の専用機で帰り、厳粛な形式で陳雲の朱鎔基副総理に対する尊重を示した。

翌日朱鎔基は翌日国務院に出勤したが、反って李鵬の冷たい応待を受けた。その後一週間は自分のスケジュールが合わないという理由で朱鎔基と面談もせず、担当任務も支持しなかった。疑いもなく、李鵬は鄧小平が前後して上海の江沢民を総書記に抜擢し、朱鎔基を自分の後任にする準備をしていることに非常に不満を持っていた。

李鵬は革命烈士の後継者として、周恩来の養子となり、「六四」事件では、鄧小平の側につき、趙紫陽の挑戦を撃破した功臣であり、総理である自分が総書記になるはずであると思っていた。朱鎔基は国務院の各部署で忙しそうに働いているのに自分には何の指示も無いということで上海で待業することにした。この事が鄧小平の耳に入り、楊尚昆を通じて直ちに朱鎔基に仕事を分配するよう伝達した。李鵬は仕方なく五月一三日朱鎔基と面談し、彼に国務院「工交口（工業交通部門）」の活動を分担して受け持つことになった。朱鎔基は鄧小平の強力な支援により副総理に復帰した。

一九九二年六月七日、朱鎔基は北京で日中投資促進機構訪中団に次のように紹介した。生産弁公室を新設した、これにより全国の工業と交通部門の生産と技術改造、企業管理、人材教育等に責任を負う。朱鎔基は「輸出を国内販売に転換する」方法を以て内外に自分の職責を発表した。李鵬は状況を見て仕方なく、さらにひき伸ばすこともできず、六月一三日国務院令で文書を発布して、朱鎔基にこの工交系統の副総理が数項目の兼職を任命した。国務院「三角債」整理指導小組組長、国務院生産事務室主任、全国安全生産委員会主任である。しかしこれらの兼職は非国務院常設機構であり、ただ国家計画委員会が規画した「品質、品種、公益年」活動指導小組組長である。しかしこれらの兼職はすべて非国務院常設機構で、ただ国家計画委員会が規画した生産委員会は国務院生産事務室となり、一つの権力機構であり、朱鎔基が国務院で事業を始める一塊の根拠地であった。

李鵬と姚依林が共謀して、二年連続で下振れしている工業、交通部門及び「三角債」を徹底的に整理する「権責」はいきなり朱鎔基新副総理に一括区分し、実際に風呂敷を朱鎔基に放り投げ、もし朱鎔基がうまくいかなかったらその時は責任者を変えようとした。

朱鎔基が責任を負う部門は確かにすべて厄介な問題ばかりであった。その中でも特に「三角債」は一九八八年以来日増しに厳しくなり、中央財政の重荷となり、生産低減の一つの主要な障害であった。いわゆる「三角債」は社会主義国有企業間特有の弊害であり、すなわち企業間の原材料、半製品、製品の売買の中で、自己部門の製品が売上不振で過剰在庫となり滞留しているか或いは資金を他のことに流用して、債務不履行となり、甲が乙の債務の返済に不足し、乙は丙の債務の返済に不足する。

丙は又甲の返済に不足するという連環反応現象である。結果として、国家銀行はこの国営企業の存在と経営を維持するために絶えず借款を提供し、三角債の積もった債務は益々増加する。

一九八八年、李鵬は自ら「三角債」清算問題に取り組んだ。彼は制度化、統一化を強調し、大型工鉱企業の重点項目の原材料と製品をすべて中央計画に集中し、「全国統一基盤」とした。結果は決めたが実行は困難で、上は命令したが、下は反対して、集中すればするほど負担は重くなった。

一九八九年春、李鵬は第一回の政治局会議で率直に認めざるを得なかった「三角債は製品の品質、生産の効果と利益、これは多年に亘り蓄積されてきた問題であり、短時間では解決することが非常に困難である」

李鵬が役に立たないので、常務副総理の姚依林が引き継いで「三角債」問題を担当したが解決しなかっただけでなく、反って情況は悪化した。一九九〇年七月すでに累積損額が三、〇〇〇億元余になってしまった。姚依林は元の計画経済制度に基づき実施し、厳格に中央計画を執行し、統一するべきものは統一し、分散することはできない。しかし姚依林のこの全面的に後退する提案は政治局に採択されず、病気と称する「ストライキ」をした。

李鵬が「三角債」を朱鎔基にこのめちゃくちゃな問題を引き継がせると発表した時、全国での累積された「三角債」の負債総額はすでに五、〇〇〇億元強に達していた。

李鵬と姚依林が計画経済方式で「三角債」を整理するのは肉まんじゅうで犬を責める―出したものは返ってこない、ようなもので前のはきれいに払うが後で借りが増える、債務はきれいにする程借りが増えることになった。

しかし朱鎔基がこの難題を解決できるのか、国務院では上から下までみな傍観的でいた。ある人はロバに乗って歌の本を読んでいるようなものだ「歩いて見てみよう、そのうち、食べることができなくなって、さらけ出す」とまで言っていた。

鄧小平はこれを知った後、薄一波に頼んで、李鵬、姚依林、王震、李先念等に伝えるように託した。「若い同志が仕事をする事を、我々は応援しなければならない。なぜぺらぺらとひっきりなしにしゃべるのだ。中央がすでに決定したことはどんな人もみなあれこれ言ってはいけない。大胆に思い切ってやらせよ。朱鎔基に伝えてくれ。北京で動かないのではいけない。できるだけ多くあちこち往って見れば、そこで初めて見識を養うことができる。調査研究は非常に重要である。道は人が歩いてできたもので、モデルは無かった。誰かが一〇年を総括しなければならない。私はこの一条をまず先に総括する値打ちがあると思う」と。

朱鎔基は鄧小平の伝言を聴き終って、以心伝心で分かり、実地に行き実際の問題を解決する決意をした。

一九九一年六月二日から一〇日まで、朱鎔基は遼寧省長岳岐峰等が随行して瀋陽、鞍山、本渓、大連等二〇余の大中型国有企業を視察し、企業の責任者、省市の指導者達と懇談し報告を聴いた。一一日から一六日までは吉林省長王忠禹等の随行の下で長春、吉林、延吉、等の二〇数社の国有企業並びに企業の責任者と「三角債」問題を解決する方法を詳しく討議した。引き続き七月二日から一五日まで、朱鎔基は湖北、山東各地四〇数か所の大中型国有企業を視察し、企業責任者や省市の指導者と懇談した。

朱鎔基はこの二か月間で四省一〇〇社近くの国有大中型企業に調査視察をし、「三角債」問題の性質、現状、障害について相当深く突っ込んだ実態を掴んだ。

そこで、彼は学者、専門家、企業責任者等を召集し、「三角債」問題の特別会議を開催し、合わせて問題のキーポイントを探り出した。

① 基本建設、技術改造プロジェクト投資が極めて不足しており、相当部分が返済遅延による投資不足分で埋め合わせている。

② 大中型国有企業は欠損状態であり、生産しながら滞留在庫を増やしており、支払い能力が下降し、大量の支払い遅延状態を呈している。

③ 各地で商品取引の秩序が乱れ、幾つかの企業と銀行は決算規則を無視し、信用観念がいい加減になり、無理な支払い拒否をし、負債を返却していない。

朱鎔基はこうした病状に対する薬として、まず三角債を整理するためには強硬な措置を採らなければならず、根本から改革を行い、抜本的な措置を講じる。基礎インフラ建設と技術改造の原資を予定期限通り確保させ、資金の流れを良化し、債務連鎖状態を解決する。

その次は決算規則を順守させ、至急秩序を回復し、資金を占有して使用したり、不良返済企業の代表的な企業を捕まえ、厳しく処理しなければならない。

第三は幾つかの滞留在庫製品を継続生産している赤字企業で改善の望みがない企業は期限を切って経営させる。このため、朱鎔基は中央政治局と国務院に三角債問題をひとまとめに解決する計画を提出し、先にエネルギー、原料、鉄鋼、自動車、繊維業の改革に着手し、根本から改革を行い、抜本的な措置を講じ、厳格な決算を行い、利益を計上している優良企業は健全な経営を持続し、幾つかの長期貸付による、製品販売不良の企業は閉鎖或いは合併し、重点企業に対しては期を分け、或いは幾つかのグループに分けて株式制をとり入れるか停止、転業させなければならない。

一九九一年七月中旬、中央政治局は朱鎔基が提出した「三角債」を解決する計画を討論した。本来病気休憩していたはずの姚依林は出てきて、株式制は半資本主義経済であると反対し、李鵬も行政命令で企業を閉鎖し、従業員を解雇するのは東欧ならできるが、中国では無理だと反対した。そこで政治局会議の身分のみで列席していた朱鎔基はむやみに事を急ぐ様子でもなく、腹を立ててもおらず、いらいらする様子もなく、一人ぼっちのようであった。その結果、朱鎔基はこの反発は意外でもなさそうで、顔色も変えず、第二提案を出した。

第二案は「資金注入、滞貨連結、構造調整、発生源部門捕捉、連環債務完済」という根源をきれいにする対症療法を施す案であった。

第二案は採決され、すぐに朱鎔基は全面的に三角債問題を整理する部署を担当することになった。彼はまず主要人員を配置した。

① 彼らはほとんどかつて朱鎔基と共に仕事をしてきた、東北地区、国家計劃委員会、国家経済委員会、上海市の元々同僚か部下であった。

② 王忠禹と朱鎔基の二人は、互いにその才能を認め合っていたので、地区と部門をまたがって分担し、この朱鎔基の要求は承認された。

③ 彼らはほとんど国有企業で仕事をした経歴があり、経験のある職業技術官僚であり、国務院の生産弁公室管轄の仕事にはかなりの指導能力を発揮した。

重要な人材配置が決まり、朱鎔基は「三角債」整理作戦を開始した。

一九九一年八月一日、朱鎔基は国務院弁公室の人員を引き連れ、まっすぐに国営企業が最も集中している東北地方に赴き、瀋陽に於いて国務院三角債整理小組が開催した東北三省四市の「三角債」整理の試験的作業会議を主宰した。

朱鎔基が債務整理方針を発表後、すぐに三省四市は快刀乱麻方式で全面的な債務整理を推進し、僅か二六日で返済遅延一二五億元を整理した。東北の前哨戦を終え、朱鎔基一行は天津市に赴き「三角債」の動向と状況を調査した。

八月一日、北京の京西賓館で全国三角債整理の電話会議を開催し、各地方政府と重点大企業に対し債務返済方針を発表し、東北の債務返済工作の経験、段取りや全国債務返済活動を紹介した。

八月中旬、全国各地の幹部に強硬な語気で「指令」を伝達した。「各地は必ず九月二〇日二一時以前に、省（区、市）固定資産投資の返済遅延注入資金情況（銀行借款、自己調達資金と整理項目数）を国務院債務整理弁公室に報告すること。資金注入期間に、国務院債務返済弁公室は各地と連携を保ち、各省区市債務返済弁公室は九月一九日から二一日まで、必ず時間内に国務院財務返済弁公室に報告すること。万一できなければ、省長、自治区政府主席、市長が直接朱鎔基副総理に報告し、原因を説明すること」

朱鎔基は上海のタクシー業界を整理整頓した経験を活かし、メディアの力を借り、勢いを増すよう、新華社、〈人民日報〉、中央TV局と中央ラジオ放送局に要求し、各地の債務返済状況の進展をくわしく伝えさせた。各地区の幹部は「軍令状」を受領し、毎日メディアの「爆撃」を見て、又朱鎔基の公正で情け容赦のない鉄人の風格を知り、債務返済のためそれぞれ力を入れた。

九月二六日、国務院「三角債」整理指導弁公室は全国各省、自治区、直轄市の「三角債」整理状況を返済遅延資金三八〇億元（国家貸付一四七億元、自己調達資金三〇億元を注入）達したと発表した。朱鎔基は追及の手を緩めず、不正行為を摘発し、責任者を追及した。一九九二年五月一五日現在、北京、天津、上海、安徽、福建、湖北、等一〇省市は、一〇〇％固定資産プロジェクト予算を注入し、債務遅延を整理した。全国五、〇〇〇億強の「三角債」はすでに三、〇〇〇億元強に減少していた。

六月初李鵬は国務院工作会議で朱鎔基を称賛せざるを得ず言った。

朱鎔基同志は中央に来て仕事をし、「三角債」問題を担当し非常に成功した。」と。

そして鄧小平は朱鎔基がテレビで「三角債」工作の講話をしている時、家族を呼び一緒に見ながら、つづけざまになんと素晴らしいことか！と嬉しそうにほめた。

識者は真理を言った。

李鵬、姚依林は計画経済をやって、三角債を増やした」と。

朱鎔基は経済指令を出し、一刀両断きっぱりと債務連鎖問題を解決した。

これと同時に、朱鎔基は、理論的に「三角債」の処理にも用いた指令経済式の鉄腕な手段で「品質品種、効益年」活動に力を入れ、全国に氾濫し災難となっていた偽物模造品に手痛い打撃を加え、全国民衆の喝采を勝ち取った。一九九一年には工業・交通システム生産が効果を上げ、連続二年の経済下降を制止した。一九九二年には鄧小平が鼓吹したさらに一歩改革開放を前進させる政策に影響され、国民経済の発展はさらに大幅な成長を示した。

朱鎔基は一九五一年清華大学卒業後すぐ中国の経済領域に足を踏み入れ、基層現場の仕事からはじめ艱難辛苦を嘗め尽くし三〇年の世の移り変わりの中で中央に入り、仕事を始めるやたちまち非凡な頭角を現わし、重要な厳しい論戦の中で、決して屈せず実績を上げ、国務院で揺るぎない地位を固めた。

朱鎔基が国務院で主宰する仕事の第一回の重大な戦役で勝利した後、鄧小平は迅速に朱鎔基の第二段の攻勢を展開した。

一九九二年五月二二日、鄧小平は北京市党委員会希同の随行の下で首都鉄鋼を視察した首鋼党委周冠五及び首鋼幹部、随員、記者の多くが改革開放の官僚主義にはまっていると、強調した。「我々が選ぶ幹部は、政治的に信頼できることと、さらに経済が分からなければならない。我が党の高級幹部の中で経済が分かる人物は少ない。朱鎔基は本当に経済が分かっている」

鄧小平が首鋼を視察した報道とともに、朱鎔基が本当に経済が分かっているという名声が中国全土に伝わった。

六月初、朱鎔基はまた鄧小平に随行して山東、東北を巡回し、いつも鄧小平が傍について朱鎔基を信頼していることを示した。人々の朱鎔基の行状は絶えず評判が上がっていた。案の定、国務院は一九九二年六月一一日通知を出して、国務院生産弁公室を取り消し、元国務院生産弁公室を基礎に国務院経済貿易弁公室と改め、朱鎔基は主任に任命された、新華社はこのニュース百余字の小報道を発信した。

〈中国青年報〉はすぐさま特ダネとして、新華社の小報道に対して明確な説明をした。その報道の説明は「経済貿易弁公室は生産と流通の二大領域を横断するマクロコントロール機構であり、一種の新型マクロコントロールの雛型である。これを以て「マクロが制御し、ミクロが活性化する」という改革要求に適応するものである。経済貿易弁公室は将来職能を拡充し、最終的には国務院の下で経済貿易を統括する最高層部門である経済貿易委員会に編成を拡大され、その地位は国務院順位第一の部級単位、つまり国家計画委員会を超えるものになる。」であった。

経済貿易弁公室が発足した時、朱鎔基が主管する範囲は元来の工業交通から、エネルギー、商業貿易まで拡大した。その中、エネルギーは中国公有制体制の支柱産業であり、また「三角債」の問題の最も深刻な部門であった。国内外貿易は中国共産党の流通部門であり、元は中央統一管理の販売であり、計画経済の生産部門と組み合わせてシステム化されている機構である。

一九七八年の改革開放以来中国の国内貿易部門は相変わらず統一購買統一販売を固守し、一五〇〇〇万人の商業貿易人員で、一九九〇年一億五千万元余の損失を出し、一人平均一〇元の欠損になっていた。

貿易は元来中央統一購買・販売であり、損益一切を中央が責任を負った。上から下まで官僚主義が浸透しており、地方は全く積極性が無かった。中国共産党第十三回党大会前後中国の市場経済の比重は既に計画経済を超過していたが、商業貿易の責任者は「生産が販売を決める」旧来の計画経済の概念で行われ、国内貿易は欠損売買の大群であった。対外貿易は八〇年代前半はずっと欠損状態であったが、中央政府の外貨準備がわずか一四億ドル底をつき、信用状（Ｌ／Ｃ）さえ開設することができなくなり、新たに一九九一年元旦より、中国共産党は対外貿国際貨幣基金（ＩＭＦ）よりの借金で信用を保持せざるを得なかった。かつて趙紫陽総理は実情を見て非常にあせり、一九八五年自ら責任者を指名し、当時天津市の常務副市長で対外経済貿易部と開発区の仕事をしていた李嵐清常務副市長を対外経済貿易部副部長及び党組副書記に任命し、外貿部体制改革を取り仕切らせることにした。李嵐清は一九三二年生れ江蘇省鎮江出身で、上海復旦大学企業管理課を卒業し、一九五六年ソ連の自動車工場で江沢民と共に実習した。英語とロシア語が堪能で、落ち着いた人柄で本来の職務を忠実に実行できる人物であった。

一九八七年一一月、共産党一二大会で朱鎔基と共に中央候補委員になり、一九九〇年一二月李嵐清は鄭拓彬部長〈大臣〉に替って対外経済貿易部部長〈大臣〉に就任した。

「大鍋飯―社会主義の悪平等の例えとして指摘され、働きの如何にかかわらず同じ生活待遇を受ける制度」を打破し、輸出補助金を廃止し、地方から中央まで自主責任経営を採用し、自らの損益について自ら責任を持つ、工貿一体化と代理性等一連の新方針をとり、各クラスの貿易部門の主体的発展の積極性を伸ばした。

そのなかで最もキーポイントとなった改革は人民元と米ドルの為替レートの合理化で、もともと一ドルが五・四人民元を一ドル五・七人民元に調整したことである。

この一連の改革を経て、中国の輸出輸入貿易は大いに好転し、輸出額は五二五・四億ドルに達し、前年比一〇・五％の上昇になった。」

朱鎔基は国務院経済貿易弁公室主任に任命された後、ただちに指導グループの設立に着手した。国務院経済貿易弁公室、もともと六人の生産弁公室のメンバーで構成されていた。新任の陳清泰は李嵐清が評価している人物で元第二自動車工場の董事長、徐鵬航は元国家技術監督局局長であった。

朱鎔基の新チームは実力が並はずれに強かった。主管範囲は又格段に広くなった。

深思熟慮する鄧小平は毛沢東が当年高崗を用いて構成した国家計画委員会を以て経済内閣が周恩来総理の権力を肩書だけで実権の無い地位に据える計略……また一九九二年開催を予定している中国共産党第一四期大会上で再び昇格させ勢いづけることであった。

小事から大事を見据えて、大樹が静かにしていることは難しく、共産党の保守陣営は鄧小平の言動の含意を嗅ぎ出して、朱鎔基に対して続け様に攻撃が仕掛けられ、デマをつくり王震を初めとする保守元老が大合唱し、朱鎔基が右派の青雲を進めていると中傷した。

こうした朱鎔基に対する批判は彼が中国共産党一四大会で中央政治局へ入ることに対する保守派の反対意見からであった。

七月中旬、鄧小平は反撃に出て、江沢民、喬石、宋平、を呼び寄せて語った……「党内に幹部を選抜することで不正な習慣の勢力が大胆にやる、喜んでやる、実際にやる、成績を上げる人に対して、いつも些細なことで上げ足をとり、過去の過失をひっくり返してみるのが好きな連中がいる。過去の過失もまた必ずしも陽の出ている明るい所では出すことができないことや必ずしも過失ではなく、過去の過失は過去の間違った路線が原因であった。各種の意見に対しては分析するべきであり、実質を見るべきである。十四大政治局指導チームはしっかり焦点を見極めなければならないし、きちんと解釈宣伝しなければならない。去年から国務院の活動は非常に良くなっている。朱鎔基、雛家華同志は国務院指導層を充実させているし、予期通りの役割を果たしている。

党の中心活動はすでに確定している、経済建設、幹部の鑑定、昇格昇進、即ち主要な焦点をしっかり解決するべきである。ある程度成果が上がった人には昇格昇進させねばならないし、長期的に普通の実績しか上がっていない人は譲らせる、成果が無いか役割を阻害している人には降格させねばならない、降格に同意しない人はやめさせねばならない」

鄧小平は命令を下し、江沢民、喬石はすぐに積極的にこの解釈を宣伝した。それでもなかなかおさまらず、鄧小平もいささかも譲らず、ただちに朱鎔基を政治局に入れるべきであるという最終結論を出した。一五日中国紀律委員会書記喬石命令により、鄧小平の支持を伝達した。

「批評は善意で出すべきであり、攻撃性を帯びてはならず、又こそこそと画策することを許さない。自分の身分を忘れてはならない」

江沢民は主席団常務委員会で別の指示を行った。「多くの人を見るには、長所を見なければならない。誰の仕事が失敗が無かったのか？我々の党には党人気質が強く、経済が分かり、思想が開放され、イノベーションに富んでおり、苦労をいとわず、恨み言を言われても気にかけないような指導幹部は現在まだ多くない。朱鎔基はこのような同志である。彼は地方から中央に来て多くの成果を上げた。党と人民は皆見た、幾人かの同志は偏見を改めるべきだ！」楊尚昆は人を捜して個別に話した、党人気質を忠告し、団結を訴え逐一意思疎通を図る活動をした。

一〇月一九日、朱鎔基は中国共産党一四期中央全会で政治局委員と常務委員、七名の常務委員の中で第五順位となり、共産党一三大会の中央候補委員から三級飛び越して、中央戦略決定層に昇進した。

鄧小平は命がけで余命幾計も無いミルクしか飲めない状態で力を振り絞って、自分の経済路線の後継者朱鎔基を総理の座につけるべく力を注いだ。

（11）中国版マクロコントロールによるバブル経済の整頓

鄧小平が一九九二年春、南巡講話を立ち上げさせる攻勢をかけ、さらに一層改革開放を鼓吹し、もともと経済調整整頓を主張していた李鵬は形勢が悪いと見て、急いで鄧小平の改革路線を忠実に行うことを宣言し、全く定見が無く一転して、改革開放の急進者に変わった。

一九九三年三月、全国人民代表大会で憲法改正が検討され、その一五条は「国家は社会主義の市場経済を実施する。二・国家は経済立法を強化し、マクロコントロールを完全にする。三・国家は法により、いかなる組織又は個人が社会経済秩序を攪乱することを禁止する。」と極めて単純明快に改正が採択され、言外に建国以来続行してきた計画経済が否定された。

筆者の経験を語ると、このタイミングで三月八日全人代の最中、松下電器の五代目の社長に就任したばかりの森下洋一に全く特別の按配で会見した。森下社長は一九八七年に設立した北京・松下カラーブラウン管工場が日中双方者の誠意、忍耐、信頼により当初の計画以上に生産販売が良好に進展している状況からすでに松下グループの中国における各種家電製品と部品の合弁工場が各地で一〇社を超える合弁事業が稼働しており、今後益々増加する予定である。ついては松下電器グループの人材教育、研究開発、マーケティング、輸出入促進を統括管理運営する会社を設立する必要に迫られており、ぜひその会社の設立許可をお願いする要請を行った。これに対して外資導入と外国技術の導入が最重要政策の一つであることにしていた朱鎔基は前向きに取り組むことを約束し、松下電器の実態を総合的に調査する国家計画委員会の責任者を日本に派遣する事になり、副総理の秘書であり国家計画委員会幹部の季崇武を中国から見た松下電器を日本で調査するよう指示した。

その後季崇武が来日し、時間をかけてじっくり本社、中央研究所、主要事業部、労働組合、海外営業本部、等を視察した。

その結果を報告書として中央政府トップに回覧され、中身を見ることはできなかったが、「松下電器が弁証法的唯物論の立場からも衆知を集めた全員経営をしていること」が強調されていたようである。

中国側としても、まだWTOにも未加入のグローバリゼーションが進んでいない段階でこのようなホールディングカンパニー（傘型会社）を創るのは早急に過ぎるというタカ派も多く難航したが、一年後に森下社長に再会見した折に朱鎔基は明確に原則に同意した。「松下電器は創業者の松下幸之助氏が鄧小平に中国の改革開発をいち早く手伝うことを表明し、すでに一七社の合弁会社を設立しており、その経営理念も中国に適応している。それぞれの企業と本部が上下の関係なく平等に協議して決めることでこの統括会社を原則設立することに同意します。細目は所轄の対外経済貿易部と交渉してください」という結論が示めされ、双方の専門家の交渉を通じて一九九四年九月松下電器（中国）が設立された。中国側の冷静な判断は「技術導入と投資とひき替えに市場を開放する」ということであった。

一九九四年春、中国大地はさらにひとしきり熱狂した風が吹き荒れた。資金を集める熱、開発熱、地上げ熱、これによって物価上昇と金融制御不能を引き起こした。

これに対して、朱鎔基は特有の鋭敏な観察と直言精神を以て、一九九三年四月一日李鵬が主宰する中央経済形勢通報会議上で警鐘をならした。「当面我が国の経済活動中の各矛盾は緊張した金融情勢のに集中して現れている」然しながら、朱鎔基の警告は財政経済大権を主管している李鵬に重視されていなかった。李鵬は鄧小平が気に入ったあの「改革開放型総理」への転換に成功したと思っており、彼は再び以前の保守型の席に戻ることを望まなかった。

四月一〇日の国務院分担会議上、李鵬はさらに朱鎔基を空きになっていた農業と財政の副総理に任命した。農業は当時陳俊生が責任を負い、財政は主には江沢民、李鵬が掌握していた。分担会議後、朱鎔基は予定通りカナダに出張した。

野火が春風になって、その時中国経済は過熱の火で既に満天が真っ赤になっていた。六月になって、インフレ率は二〇％に接近していた。銀行の予定の貸借金額は約一、六〇〇億元を超えていた。銀行の貸付準備支払額率は急激に下降し、警戒ライン突破の危険に直面した。

全国各区の開発区は数千件に上り、雨後の筍の如く、多くの県が開発区を作り、農地を平地にしてしまったが、ただし資金のことは知らず、プロジェクトがどれになるのか、南から北まで資金調達がなされ、詐欺事件が発生し、バブル経済の氾濫様相を呈した。朱鎔基はこのことを英語でクレージー

（狂気じみた振る舞い）と形容した。

　このような険悪な金融混乱局面に直面して、李鵬は四月下旬病気になってしまった。六月中旬さらに江沢民に対し「辞職願」を提出した。甚だしい混乱に陥った中国経済が再び朱鎔基を主役の地位に押し出した。五月一三日、朱鎔基は病気休養した李鵬の総理代理となり、一九九八年総理に就任して二〇〇三年まで退任するまで実質一〇年間総理として江沢民主席と共に、鄧小平が目指した改革開放政策を実行し数々の難題を克服し、インフレ無き高度経済成長路線を成功させた。


　五月から六月にかけて、江沢民と朱鎔基は政治局会議と国務委員会議、国務院閣僚会議を相次いで開催し、「経済の盲目的発展」を止めることを決めた。

　六月二一日、朱鎔基は全国各省市との電話会議を開き、次のように批判した。

「当面の経済情勢は非常に厳しく、国庫は空であり、金融は混乱し、貸出しは膨張、基本建設はコントロールを失っている。

　不法な資金調達や勝手に開発区を作ったり、三角債が再び上昇する等の不法な資金集めが現れている。中央の方針は、誰かに責任を負わせることではなく、政策が正しく進められているかどうかを明確にすることにある。すべての経済発展が過熱しているかどうかの問題ではなく、幾つかの中央機関や地方の自己中心主義や地方主義が問題である。問題は中央の方針や政策をほしいままに曲解して自分に都合の良いところだけをとったり、中央の方針や政策をすり替えたり、抵抗したりする行為である」

この電話会議後、朱鎔基はすぐに金融秩序整頓を切り口に一六条の変更厳禁のマクロコントロール対策（その中、一三条は朱鎔基自身が提示し、別の三条は国務院のスタッフが補充した）を取り決めた。七月初に六号公文書の形式で全国県団クラスまで発信し、これを執行するよう命令した。一六条の要点は次の通りである。

①　各専業銀行は期限内に貸し出した金額を回収しなければならず、人民銀行が規定した貸付金限度額を突破してはならない。

②　七月一五日前に各地は国債の引受け任務を達成しなければならず、達成後初めて許可された資金調達を行うことができる。

③　七月分は預金と貸出し利率を上げることとし、それを以て資金の内外循環を解決する。

④　金融機構が短期間日歩計算で非金融機構に資金を借りる返済時期を徹底的に整理する。

⑤　国家機関の行政費用を二〇％圧縮し、集団購買力を制限し、下半年は自動車輸入を基本的に許可してはならない。

⑥　物価改革計画はすでに出ているものを除き、その他新しい計画は下半期暫時出さない。

⑦　夏季食料の徴収資金は保証する、春種（春に植える種）の資金は仮領収書を出す現象を一掃する。

⑧　一九九二年以来の規範に合っていない社会資金調達を全部徹底的に整理する。

⑨　各地の開発区はさらに一層整理を進める。不動産法規、管理の法制を整えていかなければならな

い。不動産増値税の徴収を始める。各地不動産開発会社は二〇％の建築物の利益を有さなければならず、それで以て低収益低価格で住民に販売するべきこと。
⑩ インフラ建設規模を圧縮する。
⑪ 各地ですでに株式制の企業を実行しているが、積極的に上場準備を進めるべきであり、国家規定により、計画的に、順序を定めて人が集まって騒ぐだけではいけない。輸出の外貨売買制度、外貨を総額から一定の歩合で残す制度を改革する。
⑫ 輸出決算制度、外貨保留制度を改革する。
⑬ 各専業銀行は商業性と政策性貸付に分解し、農業資金と国家重点建設プロジェクトを保証する。
⑭ 中国人民銀行は適切に中央銀行の職能を強化し、マクロコントロールをしっかり行う。
⑮ 交通のボトルネック問題をすみやかに解決する。
⑯ 中央は検査のために工作グループを各地に派遣する。

朱鎔基は自ら中國人民銀行行長を務める異例の措置を取った。業務に精通した中国人民銀行副行長の周正慶は党委員会書記に就任し党書記兼副行長に就任した。また元上海交通銀行行長の戴相龍は中国人民銀行副行長兼副党書記に転勤した。もと上海副局級幹部朱小華は中国人民銀行副行長兼国家外貨管理局局長抜擢され、陳雲の子息はなお中国人民銀行副行長に留任し、元建設銀行副行長姚依林の娘婿王岐山は中国人民銀行副行長、元趙紫陽の部下周小川は中国銀行副行長に…朱鎔基の秘書李剣閣は中国証券監察委員会副主席に就任した。中央は作業グループを派遣し、各地で検査する。七月二日、朱鎔基は六号文書の実施に合わせて、全国的に金融組織システムの推進状況を聴き取り、李貴鮮の人民銀行行長職務を罷免し、李剣閣、合わせて朱鎔基の四天王と称せられるようになる楼継偉、郭樹清はそれぞれ体制改革委員会マクロコントロール司長と綜合試点司長に就任し、朱鎔基が起草した金融改革と経済改革の計画推進活動を行うことになった。

七月一〇日、朱鎔基はマクロエコノミーコントロール対策を全面的に開始した。

中国人民銀行は預金と貸出しの金利を引き上げ、定期預金の年利率を平均一・七二％上げ、貸出し年利率は平均一・三八％上げた結果、一年物の定期預金金利は一〇・九八％の高率に上がった。

財政部は一九九三年の三年ものと五年物の国債の年利率は一三・九六％と一五・八六％に上げた。

同時に、朱鎔基は数千万ドルを売りに出し、為替変動制という金融手段を用いて人民元の為替レートを上昇させた。九月末前後、外貨レートは一ドル八・八六元人民元にまで再び上がった。

また当日朱鎔基は国務院第二次全体会議を主宰し、会上で強調した。肝腎で切実な当面活動の任務は認識を統一することである。全党特に国務院のメンバーと各地、各部門の責任者は認識、党派性、組織観念、党の規律を第一に置くべきであり、利口だとうぬぼれ知ったかぶりをしてはならないし、勝手に独断で権力を濫用し、党規律と異なることをやってはならない。当面確かにある一部の幹部指導者は中央の方針、それぞれが必要とする政策を自分で改定し「大胆に改革し、思想を解放せよ」と称している。ある一部の幹部指導者は中央の方針に、面従腹背の手法を政策にしている。少数の指導幹部は直接別の政策を取っている。その中で個別に党の中心活動に対し、改革開放政策はずっと感情的で排他的であると言いふらし、特に最近幾人かの幹部指導者が各種論調をまき散らしていた。

中央の経済発展方針政策は偏っていた、改革は限界を超えた、今は緊急にブレーキをかけ、緊急に全面的に緊縮しなければならなくなったという。まさしくこの部分の人は党の経済発展規画と改革の中で偏ってしまったので、自分は別の一式をやると言った。

中央の観点と決定はマクロコントロールを強化しなければならないということであって、決して全面的な緊縮を実行することではなく、全面的な緊縮の必要は存在しないということである。中央と国務院の決定に真剣に貫徹したくない人、中央、国務院の方針政策公弁室の指導に対して反対する人に対しては、辞職勧告を出すこと。中央の態度は明確であり、引き留めはせず、無理強いもせず、放任もしない、誠心誠意中央の方針により仕事をし、活動する同志を選抜する。この一条も又中央と国務院の評価審査規準と指導幹部選抜の第一条であり、これがすなわち政治標準である。

当面我々の建設、改革、発展の時間とチャンスは重複してはいない。

朱鎔基は最後に「マクロコントロールは三カ月後には効果が出始め、半年で局面を転換させる」と強調した。

六号文書により退職した人物及び違反者は法規に基づき処分された。

朱鎔基の鉄腕的なやり方は特権階級の反撃を受けた。太子党の商売人や中央から地方にいたる政府の反中央政府幹部は貸付金に対して五~一〇%のリベート、公用金を使っての土地転がし、不動産転がし、株の売買、文書斡旋、等々法律も眼中に置かず、横領をして私腹を肥やし、豪華豪奢な生活をしていた。現在では朱鎔基が期限を切って借入金を返却させ、外国為替の取引を禁止し、利率を上げ、彼らの財源を断ち切っただけでなく、ある者は更に元金を弁償せねばならず、官位も返却しなければならなかった。

こうした人物は平素の腕前は大したもので、上は天に通じ、下は地に通じ、上下が一気に徒党を組み私利を営む。朱鎔基は歯がムズムズするほどこれを憎み、これに対抗するためにできることは何でもやると言い、「棺桶を見るまでは涙を流してはいけない」と高言した。

朱鎔基の回答は……七月中旬から中国各省市に続々と中央検査活動組を派遣し、違反者は退職させ、違法者は処罰する。

朱鎔基はさらに中共中央政治局会議上で言った……「全国にこう伝えたい。虎を打ち取るには先に狼を叩かねばならない。一〇〇個の棺桶を準備してくれ、その中の一つは私の棺桶だ。私は一身を捧げてもよいから、これからの中国の末永い安定を勝ち取りたい」

朱鎔基がまず虎と狼を叩く反腐敗闘争を巻き起こし、最終的には陳希同をトップとする北京の独立王国を撃破した。

しかし朱鎔基は断固たる姿勢の中に柔軟さも忘れなかった。七月六日開催した全国金融活動会議上、金融システム幹部に対し根回しをして、合わせて法三章を約束した……

① 直ちに一切の規定規則に違反する預金と貸出しを停止し、しっかりと整理する。

既に規定規則に違反して貸出した資金は期限内に回収すること。七月七月以降再び超過貸出し規模、不正な預金と貸出した銀行行長は誰でも一律免職とする。

② 預金利息率をあげる方法を用いて「貯蓄大戦」をしてはならないし、貸出しに対してリベートを取ってはならない。

③ 銀行自身が起こした各種経済実態に投入した貸付金行為を直ちに停止し、徹底して関係を断つこと。

以前の段階で金融機関で表沙汰になった「違反問題」に対して、朱鎔基は寛大な態度で対応をするところもあり、「明確に責任を取り、事実をきちんと報告しておれば、誤りを正し改めればよい」とした。朱鎔基が硬軟両様の手を使い分けたのは抵抗を少なくしたかったからだ。「改めたことは咎めない、違反者は必ず処罰する」という政策と策略であり、もしそうせず厳格に責任を追及したら、打撃面は極めて大きく「機構の安定、人心の安定」に有利でなかったからである。

上海時代から政治的経済的な混乱を整頓し、新たな法規を作り上げてきた朱鎔基の「改めた者は追及しないが、違反した者は必ず追及する」という政策は漢の高祖（劉邦）に学んだもので、法制が不備な中国の政治経済社会制度にとっては大いに有効であり、民衆との「法三章」の原則で、「推陳出新―古いものの良さを新しいものに生かす」ということであった。

金儲けのことばかり考えている地方の指導幹部らは開発資金として農業基本建設資金や農民からの農業物購入資金を流用したほか、さまざまな税や手数料を取立てることにした。国家が五パーセントに規定している農民への税は酷利により二〇パーセントに達し搾取されつくしたために農民の不満が高まっていた。朱鎔基の対策は果断かつ明確であった。

① 開発区は九月末までにすでに五、六〇〇余りが抹消された。
② 人民元価値が上昇し、「価値回帰」が始まり、外貨の投機市場が大幅にルール違反で融資された一、六〇〇億元の貸出し金の半額、約八〇〇億元が取り戻された。
③ 固定資産と基本建設投資が一～六月、約四四・五％から一八・八％に減った。
④ 住民貯蓄が回復し、九月末まで約一〇〇〇億元増加し、通貨投入圧力を軽減した。
⑤ 国債のマクロコントロール「東風」が発売され財政困難を緩和した。
⑥ 主要建材（鋼材、セメント）の価格が一度上がった後下向きになった。
⑦ インフレは一時期の起伏を経て、年末には一三・二％まで落ちた。
⑧ マクロコントロールの状況下でＧＤＰは前年比一三・一％に増大する。

朱鎔基は局面はすでに基本的に逆転されていると見て、なお一層努力を重ね、統一貨幣を出すことと人民元と米ドルの比較価格を調整する第二の劇薬を考えていた。

一九九三年末まで、中央政府は外国人が国内で使用する貨幣を専用の兌換券に限定していた。改革開放前まで鎖国状態にあった中国内で働く外国人はごく少数で有り米ドルを単純に人民元に兌換することで事足りていたが、改革開放に伴い観光客や外国人ビジネスマンが続々と入国してくることになって、固定されていた人民元の物品とサービスの価格が中国側にとって非常に不公平になった。そこで一九八〇年になって外国人専用の兌換券が発行され一〇数年続いたが、外資系企業で働く中国人従業員は給与やその他の経費を兌換券で受け取ることになり、初めの中は等価で設定された兌換券の価値が人民元より上がった。

外資企業の対中投資と技術導入が増大するにつれ中国側の為替相場が固定化されていることから兌換券の価値が上がり、闇相場が騰貴し、インフレ発生原因の一つになった。外資系企業で働く従業員は兌換券で給与を支給されるので、それを人民元に闇相場で変えるために給与価値が上がってしまった。

朱鎔基がこの不平等を改善するために与えた劇薬とは一九九四年一月一日より、兌換券の流通と使用を停止したことであった。

前日の交換レートは一米ドルは五・七元であったが、兌換券廃止による統一相場レートは中国の貿易輸出コストが八・四元であったことを根拠に八・七元に決められた。

当日市中の闇相場の平均交換レートも一米ドルは八・七元前後であった。

朱鎔基の貨幣統一と人民元の切り下げは、闇市場を閉鎖させ、金融秩序を安定させるだけではなく、中国の対外貿易を大幅に拡大し、大量に外資を取り込み、中国の外貨準備高を大幅に引き上げることであった。

中国の一九九四年の貿易黒字は五三・五億ドル、導入した外資は三三九・六億ドル、外貨準備高は五一六億ドルに達し、中国の金融支払い能力の国際信用は速やかに向上を遂げた。

然しながら一九九四年のインフレ率は二五％に達し、社会生活と低収入層に不安感を与えており、早期に解決が次の課題になってきた。


中国が改革開放政策に着手以来、三回に亘り財政税収改革を行った。税収は中央税収と地方税収に区分され、中央と地方が共有する「分配税収」が課題になった。中央税収の範囲は中央直轄国営企業の利益、関税、工商統一税であり、地方税収の範囲は地方所属企業の利益、塩税、農業税、営業税、工商税で分配税は地方が中央管轄の企業利益からの税と地方工商税を上納する関連部門になる。

一九八八年、中国は財政請負制と名づけた第三次改革を推進した。すなわち地方政府が上納する中央政府の限度額を…前年比三・五％～六・五％の税収超過した場合、増収の約二〇％～八〇％を中央に上納する…然し当増収超過金額の六・五％は地方が支配し運用するもので、上納しなくてもよい。これは地方生産の積極性を大いに促進するのに都合がよく、税収も又大幅に引き上げる、地方と中央もまた猫が鼠を捕まえるゲームをする必要がなくなった。

然し、地方経済が迅速に成長するに従い、地方増収の税収額は益々増大し、地方経済が膨張し、地方意識が台頭し、地域勢力が増強した、しかるに中央税収は返って相応に下降し、支出は年々増加し、財政赤字は一年ごとに拡大し、だんだんと強い地方と弱い中央の構造になってしまった。たとえば一九八八年命令を受けて上海市長に就任し、趙紫陽が上海に着いた時に、すぐ上海財政請負制の権利を要求した。上海が財政請負制を実施した第一九八八年には中央に一〇五億元上納した後、必要な支出を除き、残額は二七億元有った。しかも当年中央財政は赤字が膨らんでいた。一九八九年春、鄧小平は南下して春節を過ごすべく上海に到着するとすぐ上海市長朱鎔基、上海党委員会書記江沢民の上海に対して、中央の焦眉の急を救うために二五億元の借款をして欲しいと要求した。

朱鎔基は当時善玉を演じ、正義派の役割を果たし、同意できないと応え、鄧小平にさからった。江沢民は状況を見て、急いで仲裁してまるく収めるために、上海の建設費用の対策を海外の資金調達名目で、両手を胸のところで合わせ敬意を表し、二五億元を差し出し鄧小平の面子を保った。鄧小平のような巨人の地位を以てしても、中央財政の急を救うために、それでも地方に拒絶されないように、地方の顔色を伺わなければならなかった。

一九九〇年、李鵬は地方の財政請負制を取り返したいとしたが、すぐに広東の葉選平、上海の朱鎔基を主とする地方指導者群に反対され、これをひっこめた。その年の中央と地方の財政収入の配分を見れば、中央が約四〇％強、地方が約六〇％弱であり、その中一六四・一億元の借款が有り、実際の中央収入は四〇％に足りず、地方が中国経済の趨勢を主導していることが非常に明らかになっている。

弱中央、強地方の経済構造が形成され、それが暴露されている問題が少なくとも次の数点に見られる。

① 中央財政の収入減少、赤字増加が中央の政治と経済の支配力を弱め、そこから政府の政治威信を降下させ、国家競争力が下がり、中央計画のプロジェクトが経費不足となり実現不能となった。

② 地方指導者の経済が強大となり、政治の発言力が増し、地方主義が台頭して地方独立王国或いは分離主義勢力出現の可能性もあり、国家の安定におびやかされる。富む者は益々富み、貧しいものは益々貧しくなり、地域の貧富差はしだいに拡大し、地域矛盾を引き起こす。

③ 地方経済の発展と収入が増え、地方政府支配の消費傾向は、例えば非営利の高層ホテルや高級セダンの類の高級消費品が増え、制御することが困難になり、そこから社会全般のインフレ現象が激しくなった。

朱鎔基は一九九二年七月から中国経済過熱に対して整頓統治したが、しかしインフレ抑制の主要目標はまだ遅遅として実現しておらず、二ケタ以上の高止まりであった。

これは朱鎔基が農民を安んじて慰撫するために農産品価格を上げたことと外国企業投資資金を呼び込むために投入した相応量の人民元要素以外に地方政府が支配する投資傾向と金額は中央が制御をくわえる方法の無い一大原因であった。

この為、朱鎔基は金融秩序と農業生産安定の二つのカードを切った後、第三のカードはすぐに分税制の新方法を以て中央の経済主導権を推進することであった。

一九九三年一一月挙行された中国共産党一四次三中全会で朱鎔基の分税制提案が可決された。この会議は移管されていた地方の財政請負制を中央税制とに相互区分し、新たに確定した分税制により、中央財源の増加を確定し、調整により、地域差別を縮小することになった。これにより全国の財政収入の六〇％を中央が支配し、地方の支配率は四〇％に下がることになる。中央と地方の間の二〇％の差額は中央が統一して計画配分し、地方に再交付し、主には立ち遅れている貧困地方の貧窮地域の経済発展に用い得ることにした。

分税制は一九九四年全面的に推進し、財政収入と行政職献上区別規定を作った。規定によると付加価値税については中央が七五％、地方が二五％とした。

分税制を推進する初期、沿海富裕地区省は強烈に反対した。この為、朱鎔基は妥協案を講じざるを得なくなり、一九九四年に突然全部を分税制に転換することは難しく、当年は分税制と地方請負制を並存する過渡的方式を取り、その中で実入りの大きな付加価値税の中央部分はその年完全に地方が支配し、前年の税率を基準とした。そのようなことにかかわらず地方の反対は強烈で、二〇％の差額はどんな比率で中央から地方に再交付されるのかが分税制を進行する時の論争の焦点となった。後に朱鎔基はかなり感慨して語った……結果は自分の体重を二・五キロ減らさなければならないほど説得に努めた。

最大の抵抗勢力は広東省であり、トップ人事問題を摘発し長老の葉選平を説得し、各地の幹部を説得して、世界の中央政府の財政収入は米国や先進諸国に比しても低いことを強調した。

最大のカードは各地が所有する国有土地使用権の売買権を地方に移譲したことであった。

このことにより、中国で民間の不動産産業が開始され、住宅ローンを商業銀行が請け負う爆発的な新しいサービス産業が発展した。

これを以て中央と地方の財政収支問題の解決は高度経済成長の基礎固めをすることができたといえよう。


政府が一九九〇年一二月上海に於いて、翌年七月深圳の二カ所に於いて、証券取引所を設立したことで中国の株式市場ができた。中国株式は国家株、法人株、個人株の三種類があり、国家株は国が発行する株式であり、その中半数以上は帰国華僑が所有し、市場流通の売買はできない。法人株は政府が承認した前提で、法人間で流通する。個人株は一般の投資家のために配慮したものである。個人株はまたA株とB株の二種類あり、A株は国内投資家向きであり、B株は外国投資家向きで上海に於いて米ドルを用いて売買し、深圳に於いては香港ドルを用いて外国投資家向けとしていたが、但し主力対象は、やはり国内投資家であった。当面株式市場で売買されているのはまだ国債、企業債券、企業転換債券等である。中国の株式市場はまだ狭く、増大のスピードは迅速であったが、外国の投資家には完全には開放されていなかった。多くの法規も皆問題を根本的に解決しないで、その場を繕って一時逃れをする状態で非常に不健全であり、規範化が不十分であった。

一般個人投資家も未熟であり、国内投機勢力に操られ、リスクが比較的大きかった。

一九九〇年一二月一九日、上海証券取引所が設立され、当時の上海市党委員会書記兼市長の朱鎔基は開業儀式に出席した。中国の株式市場がスタートした時からもう朱鎔基と縁があった。一九九三年七月、彼が責任を負う中国のバブル経済に対しマクロコントロールを進める使命として、特に信任していた腹心の秘書李剣閣を証券監察委員会副主席に就任させ、大幅な株安並びに長期に亘り低迷している株式市場の温度を上げさせた。

一九九五年初、長期低迷する株式市場は回復し値上がりし始めた。後にその年の五月、上海万国証券国債売買スキャンダルの影響を受けて大幅な下落をし、中国の株式市場は又低迷圏内で上がり下がりした。

一九九五年一二月一九日、上海証券取引所五周年の際、朱鎔基はかって仕事をした地を再び訪れた。視察後「法制、管理、自律、規範」の八字方針を発表し、初めて中国証券業指導方針を発表した。投資理念を有する一般個人投資家の隊列が次第に成熟して、初めて国際慣例にリンクすることができた。

中国の一般投資家に向けてかってこのように語った。「現在投資家のリスク意識は旧社会とは異なっている。以前は株式投機に失敗したら黄浦江に飛び込んだ。現在では元金を補填するために市政府の玄関にデモをする。世界のどこにこんな投資家がいるものか。あなたがお金を儲けても私には話さない。あなたがお金を損した時、私を訪ね市に頼む、冗談でも、私はこんな事を上海市に頼むことはできない」

一九九六年一〇月中国株式市場は上から下まで株の売り買いに狂奔した。それは一九九七年七月一日香港が中国に返還されることが確定したからである。約半年株価は上昇を持続したが、朱鎔基は冷静な目でこの二カ月間の状況を見て、政府として株式市場に関与することに決定した。一九九六年一二月二六日〈人民日報〉が中央の指示を受け〈正確に当面の株式市場を認識すること〉と題した文章を発表した。

これと同時に、株価暴落と市場が壊滅的な被害を蒙ることを防止するため、国際的に通用されている最高値・最安値、立ち合い中止制度を導入し、合わせて各地に根回しをした。一九九七年新年株式市場は正常に戻った。

（12）三農保護対策と重農政策

新中国革命の本質は農民革命であった。中国共産党は田地均等分化を呼びかけ約一〇〇万人の自分の土地を持つことを渇望する農民を徴兵し、アワを歩兵銃に変えてアメリカ製武装を主とする国民党軍隊を撃退し中国共産党の赤い政権を樹立した。

然し毛沢東をトップとする中国共産党集団はすばやく約束を反故にし、相前後して合作化と人民公社化等の名目で農民の田地を引き取り国有化してしまい合わせて工農業製品の価格差を農民に不利にして、農民を搾取し、農業を犠牲にして工業を発展させ、中国の農民は国有地の新農奴となり、労働の積極性を喪失してしまった。農業の食糧・綿花等主要作物は長期に亘って足踏みする状態が続き、農民は貧困で飢餓の生活を過ごした。一九五八年～一九六一年の間、毛沢東が推し進めた人民公社化と大製鋼政策により、中国農村の数千万人が飢餓により死亡した。

鄧小平は「文革」後復権し、二大幹部の趙紫陽と万里をそれぞれ四川省と安徽省の政治責任者に任命し、農民は人数により田地を分け、一個一個の農家が生産の請負をする農家経営請負制を採用した。

農民の話では「大請負、だまし取ることなく、国に渡すものと、集団に残すものはきっちり残し、残ったものはすべて自分のものになる」農民は再び土地を獲得し、生産の積極性が向上し、生産量は速やかに上昇し、農民の収入は顕著に増加した。それ故に当時の民間の諺では「食糧を食べたければ趙紫陽を訪ねよ、米を食べたければ万里を訪ねよ」と言われていた。

四川、安徽の経験と影響は、鄧小平を中心とする主流派の賛同と促進の下に、迅速に全国の農村に拡大した。農民はこの動向を「第二次解放」と称した。

これと同時に、中央政府はさらに農産品の国家による統一買付けと統一販売制度を廃止し、一部の農産品価格を調整し、農産品の流通を開放して許可し、市場経済を打ち立てる方向に向かって発展した。

一九八〇年代前後の農村改革の効果と利益は巨大なものであった。

中央統計によれば、農民の一人当り年収が一九七八年の一三三・五七元から一九八〇年には五四一元に上がった。一九七八年以前農村には約三億人の農民が温飽（衣食が十分であること）に達しなかった人数は一九八〇年は四〇〇〇万人余りに減少した。

然しながら中央政府が改革開放政策の重点を沿海地区に置かざるを得なかったために、三農（農業、農村、農民）問題はしだいに厳しくなった。特に鄧小平が南巡講話を発表後、全国各地で雨後の筍の如く開発区を作り出し合わせて土地、不動産、株式ブームが起こり、三農問題は危機に陥った。

鄧小平はこれを憂慮し、「九〇年代の問題はすなわち農業である」とした。

農業は非常に危険な状態になっており、もしその処置が妥当でなければ、大規模な政府の圧迫に反抗する一揆が起こりそうであった。全国的な暴動にならないとしても、全国的な農業の生産が下降しかねなかった。

一九九三年四月、朱鎔基が命令を受けて全国経済マクロコントロールと金融秩序整頓を引受けた時に、さらに共産党中央農業小組組長にも就任し、農業危機克服と農業活動指導を全権を帯びて処理することになった。

一九九三年五月上旬、朱鎔基は直ちに湖南省に赴き、四カ所の農村地区を視察した。この夏の食糧品の代金がまだ到着していなかった。朱鎔基は憤慨して、厳しく湖南省の主管指導者並びに常徳地区の責任者を訓戒し、叱責して言った。

「私は電話番号を置いておく。あなたがいつ資金を手に入れたか？いつ私に電話をしてくれたか？私は結局いつまで引き伸ばされるのか？」農民は噂を聞いて「皇帝が口を開けば、農民は望みが有る」と喜んだ。朱鎔基は帰京後、問題が厳しいことを深く感じ、すぐに次の六対策を制定した。

朱鎔基の対策は明確にして、果断であった。
① 関連の税金を軽減することを天下に公表する。五月二七日、朱鎔基は〈人民日報〉に指示し、農業部が農民の負担する三件の公文書を徹底的に整理して、徴税の項目と範囲を公開し、五％の上限を越えてはならないことを明らかに示して、この指令に従わない場合はすべて法律により処罰される。
② 全国各地の指導者に指示し、農民の騒動に対しては落ち着かせてうまく慰め、社会秩序を安定させる。合わせて四川省仁壽県の抗税暴動は政府が民衆の反抗をむりやりに強制したものである。
③ すべての審査の上、指示や許可を与えられていない開発区は取り消し、土地を農民に帰し、一時

借用している土地は期限通り返却すること。期限が来ても返却しない者はすべて、法律により処罰される。

④ 各級の地方政府、銀行、郵便局は食糧資金を着実にし、期限を決めて支払い農民の白状（未払いの買い付け手形）、緑状（現金化できない郵便為替）は適切に農民の権益を保障すること。

⑤ 農産品買付け価格を三一％引き上げ、工農業製品の価格差を縮小し、農産品のコストダウンを図り、農民の生産意欲を高めること。

⑥ 「科学技術農業」を興し、農産品の加工業の発展をさせ、農業に対する投資金額を増やすこと。

朱鎔基の六ヵ条対策は、中国農民の窮状を正しく理解し、また「農業は国家の根本」「農業無しに安定は無い」という重農思想と中国農業は科学技術で発展させるという概念を反映していた。

朱鎔基の六ヵ条対策が総括的に出されて、官民の矛盾をやわらげ、農民の負担を軽減し、一定程度農民の生産意欲を高めた。同時に広く蔓延していた全国的農民の騒乱動向を抑えることができた。

朱鎔基の言葉では「食糧価格が安定すれば、その他の物品は値上がりしない」である。

この六ヵ条対策が実施されて以来、気候も順調であったため、一九九四年より三年間連続の豊作となった。

一九九七年六月には、夏季の作物が又大豊作になり、朱鎔基は農民からの投書で農民に新しい困難が発生していることを知った……食糧販売難である。朱鎔基はこの問題を重視し、六月二八日午後安徽省負鳳県門台子食料出張所に出向き買入れ状況を視察した後、安徽省党委員会書記盧景榮が随行し黄湾郷後陳村の食料用種の富豪陳興漢を訪問して、「食糧の価格について」親しく話し合った。書記の盧景榮は朱鎔基に「陳さんは安徽で有名な食糧用種子の大業者で、毎年数一〇万キロの食糧用種子を国家に貢献してくれています。彼は又現在食糧販売難で困っています」と紹介した。

「あなたは今年どれぐらいの小麦を収穫できるのですか?」

「約三〇万キロぐらいです」

「いくらぐらいの値段ですべて誰に売ったのですか?」

「食糧出張所は農民からの買取り価格を〇・五キロ当たり〇・七元に設定したので、私は売り渡しておりません。一五万キロは厦門の買取り業者に売りました。駅渡し価格は〇・五キロ当たり〇・二五元でした」

「ああ!そんな安い値段で!厦門の〈悪徳商人〉に売ってしまったの」

朱鎔基の一言がひとしきり笑い声が上った。朱鎔基は言った。「陳さん、私はあなたに告げます。これからは食糧を全部出張所に売ってください。出張所を開け放して保護価格で買い取ります。彼は又その場にいた大衆にも言った。

「みなさんが売りたい量だけ全部、保護価格で、量に制限がなく、期限もなく政府が買い上げます」

農民は喜んだ。朱鎔基は「これは党中央、国務院の政策です、私が来て政策を宣伝しているのです」さらに陳興漢にこまかく食料用種子のコスト、上納請負費、雇用している従業員の年収等について質問した。一時間余りの時間がすぐに過ぎて、朱鎔基は　集まって来た大衆に盧榮景の肩を叩いて声を上げて言った……「私は盧書記に替って宣言します。小麦は〇・五キロ当たり〇・六七五一元で数量の多寡にかかわらず納入してください」ただちに大きな拍手が巻き上がり、しばらく止まなかった。

これは朱鎔基が農業分野で新しく出た問題に対し鋭敏に察知し、敏捷に対応したことだけではなく、また親民重農の一貫した態度を明らかに示した。

朱鎔基は帰京後、七月七日全国食糧の買上げ売渡し活動テレビ電話会議を召集した。本年の夏季作物は豊作であり、市場の食糧価格は下落傾向にあるが、各地の国定買上げ価格は変えず計画量を完了後、余剰分の市場買取り価格は適切な自由市場に則した価格でよい。

農民の農業増産積極性を下げないために、国家が定めた買上げ量は去年確定した国定価格は不変とし、市場の仕入れ価格は保護価格として国務院が確定した基準価格とする。歴史上一～二年豊作の後、往々にして、頭が熱くなって、農業を緩めてしまい、農民の積極性がなくなってしまい、続いて食料が不足し、又整理整頓をしなければならない。この歴史の教訓は深刻である。

人民公社時代に農業不振により数千万人の餓死者を出した悲劇は全国民にとって言わず語らず最大のトラウマになっていた。筆者自身も会社の同僚により国家計画委員会の幹部が我々の会社を退社後、国家緊急時の近代的な温度湿度の管理が制御されている食糧備蓄倉庫を全国的に建設することになったことに共感した。また新設の倉庫以外に、中央、地方の国営企業業務転換の為使われていなくなった工場を備蓄倉庫に改造することも積極的に行われた。

朱鎔基が総理になった時点で、年間の気候条件がいかに悪化して日照り、水害や地震等の自然災害によって農業生産が不振になり、供給不足になっても、この備蓄倉庫の食糧在庫で十分カバーでき三年間は大丈夫と彼は胸を張って言っていた。

司馬遷が「史記」の中で、「民は食をもって天となす」という治世の基本がやっと達成されたともいえよう。

中国は中国伝統上の重農思想を継承し、具体的な政策面では日本式農業保護の思考に類似しており、政策を実施するマクロコントロール運用上その半計画経済、半市場経済の特色は中国経済がより実際的な社会主義市場経済に展開されて行くものと思われる。

（13）インフレのソフトランディング成功とその影響

一九九三年三月の全国人民代表大会に於いて憲法一五条で社会主義市場経済を採択し、マクロエコノミーコントロールが本格的にスタートして、高度経済成長の軌道に乗った。しかし鄧小平の南巡講話の正確な理解を越えて、急激な不動産ブーム、開発区ブーム、株式ブームが一斉に発生し、バブル状態になった。

李鵬総理は体調不良を理由に江沢民主席に辞表を提出した。朱鎔基が代理総理としてバブル経済問題を全面的に調整解決することに責任を負うことになった。

これまでの社会主義計画経済のもとでは、五カ年毎に決定される経済発展五カ年計画により運営され、最初の一～二年は計画通りの財政金融投資が行われ、積極的な各部門への投資が行われいわゆる「放」の時期であったが次の三年目には国内外の経済情勢の変化により競争が激化し、市場が混乱し「乱」の時期に入る。四年目になると「収」の調整時期に入り、五年目になると全面的な停滞時期「死」になり、次の五か年計画の為の総括検討が行われる。

中国の社会主義計画経済の伝統的な「放―乱―収―死」のサイクルで鄧小平による改革開放の最初の一〇年間はこのサイクルから抜け出すことができなかった。五カ年計画の枠内で各年度ごとの短期計画による調整は行われるものの、硬直的な政策に縛られて、変化に対する迅速な対応ができていなかった。つまり松下幸之助が鄧小平に話した「経営とは孫悟空のように変化に対する対応」ができておらず、硬直的な政策に縛られていた。それまでの計画経済では「乱」の局面になると、すぐ国家行政命令を以て基本建設を削減し、プロジェクトと従業員を縮小する等の措置で難局を乗り切ったが、インフレと経済発展速度を降下させるという、ダブルのよくない反応を繰り返した。

朱鎔基はこれは一種の場当たり的な対処療法であり藪医者療法だと見ていた。

金融の管理整頓は基本的にケインズの経済学原理により過熱市場の供給と需要の関係により調整し、合わせて中国式の行政命令を用いて貫徹した。朱鎔基が清華大学で習得した理工的な学識を基礎に、中央政府での国家計画経済委員会及び国家経済委員会での社会主義計画経済体制下で実務作業経験と上海市長としての代表的地方政府に於けるトップ指導者としての中国的に表現すれば王陽明の「知行合一」を実践したものであった。従って結果的に中国経済のその時々の実態に適合した独特な朱鎔基式の社会主義市場経済マクロエコノミーコントロールであった。

財政赤字と中央の財政経済を解決することに対しては、中央のマクロコントロール職能を引き上げて、西側現代国家の財政制度の改革を模倣した。特に日本の政府代表として宮崎勇は企画庁時代から朱鎔基が計画委員会時代より親密な交流を繰り返しており日本のマクロコントロールの実態について詳しく説明していた。朱鎔基が副総理、その後総理になってからも宮崎を北京に招聘し、日本を初めとする先進国の経済成長の状況ににつぃて情報交換をしていた。

農民の「白状」騒動と農政強化対策について言うならば、すでに存在している中国の伝統的な重農主義、又市場運用の経済原理を指令制経済方式を以て保護し調整を行った。

動き始めたばかりの中国株式市場の動揺に至っては、陳雲の鳥籠経済方式を用いておおいかぶせた。

この種のマクロコントロール方式は、世界でも例の無い独特なもので、社会主義市場経済は西側の市場経済に転換する過渡的なものであるという見方もあるが、朱鎔基モデルのマクロコントロール方式であり、あくまで中国の特色のある社会主義市場経済である。

朱鎔基という政治経済の奇才が歴史の大舞台に登場し、中国経済の大発展を主導する主役となり、合わせてグローバル経済の趨勢に衝撃的な影響を及ぼしたことになる。

朱鎔基が主導した三年半のマクロコントロールを実施して、中国の経済ソフトランディングは朱鎔基の筋書き通り成功を収めることができた。

朱鎔基は一九九七年次のように説明をしている。「現在、我が国は建国以来最高の時期に達した。第一に昨年のＧＤＰは前年比九・七％の成長を遂げた。インフレ率は六・一％になった。今年のＧＤＰは一〇％に、インフレ率は三％になる。

第二に外貨準備高が急速に伸び、昨年一〇五〇億元、今年は一三〇〇～一四〇〇億元に増加するだろう。

第三に財政情勢が好転し、昨年初めて財政収入の増加スピードがＧＤＰの増加スピードを上回り、今年上半期には又初めて地方財政収入の伸びを上回った。

第四に国有企業の経済的収益が回復し始め、国有企業が最も困難であった時期はすでに過ぎ去った。今年五カ月間の利益が昨年同期より三七％増加して、欠損額がある程度減少した。

第五に経済体制環境が有る程度改善され、新しい経済運行メカニズムと市場がすでに基本的に形成された。

朱鎔基はさらに強調した……「これらの一連の成果を得られたのは、主には行政手段に頼るだけのものではなく、自主自律的且つ根本的な改革を通じて成し遂げられ、強化されたものである。我々の頭脳が発熱しなければ、跳ね返りに逆転をされることはない。

この発言は公平で妥当な説明であり、朱鎔基は経済の軟着陸が成功できた時に、依然として一人の経済政策最高頭脳と戦略大家として冷静さと深慮遠謀を持ち続けていた。

一九九七年タイを起点としてマレーシア、インドネシア、韓国等アジア金融危機が非常に短期間に発生し、通貨の大幅な切り下げを余儀なくされ、一挙に経済恐慌状態になった。この回復にそれぞれ数年の時間を要した。中国では朱鎔基が主導するマクロエコノミーによるソフトランディングが成功し、通貨統一による人民元安と外資導入の激増、巨大な輸出競争力、日本に次ぐ外貨準備高と厳格な外貨管理により、このアジア金融危機の影響を最小限に止めることができた。。

一九八四年、鄧小平とサッチャー首相の最終交渉が行われ、一八四七年清代アヘン戦争敗戦の結果一五〇年に亘る英国の領有権を規定した南京条約が終了されることにより、一九九七年に香港を中国に返還されることを中英共同声明として決定した。しかしながら、返還後五〇年間は中国の特別行政区とする「一国二制度」として外交と防衛を除いて従来の英国式自由主義行政が継続されることになった。

それから一三年後一九九七年七月一日、英国最後の香港総督パッテンより中華人民共和国の初代香港特別行政区長官の董建華により返還、再譲渡されることになった。この結果香港を経由しての対中貿易、投資、金融がより正式に且つスピーディに行われることになった。これは後の「中国本土香港経済連携と取組み〈Cepa〉」として規範化されている。

次期総理の選出に当たっては、李鵬を初めとする反対派グループの巻き返しも有ったが、代理総理としてのマクロコントロールの数々の成功実績と喬石を初めとするベテラン幹部の支持、国民大衆の人気から総合的に判断して、主席の江沢民も一九九七年五月、中央党校の講話で全面的に朱鎔基の国有企業改革と株式制問題の見解を受け入れると発表し、「江沢民と朱鎔基の和解」とマスコミにもアッピールした。

朱鎔基は一九九七年東北三省視察後、国有企業改革三年で困窮脱却の談話を発表し、応答した。同時にまた全党に対して正式な選挙運動の下で次期総理の政治綱領を提出した。

朱鎔基は噂が飛び交う中で、苦労したけれども、勇敢で剛毅な努力をして、才智聡明、非凡な才識、世の中に公認されている実績を以て一歩一歩正式な総理の座に進んで来た。

(14) 総理就任とアジア金融危機の対応

朱鎔基は中国共産党第一五回大会の選挙に於いて中央政治局常務委員に当選し、党内序列はNo.5からNo.3に昇格し、一九九八年三月開催の第一五回全国共産党代表会議で建国後五番目の総理に六九歳で任命されることが明らかになった。

六九歳の朱鎔基総理着任は建国以来最も高齢で着任した総理であった。初代は周恩来、二代目が華国鋒、三代目が趙紫陽、四代目が李鵬であった。朱鎔基は経済改革を推進する過程で、中央から地方まで数多くの人々や反朱鎔基グループの抵抗も受けていた。

しかし人民代表大会の選挙の結果、意外にも史上第二位の高投票率で当選した。これは朱鎔基の人格、優れた実績がやはり出席した代表の高い評価と是認を受け、同時にまた出席した代表が国有企業が苦境を脱出する為の目標に対して、奮闘する鉄人に大きな希望と信頼を託したのだ。

この代表会議で、江沢民はやはり総書記、軍事委員会主席に留まり、党と軍の実権を掌握し、その役割を擁護し強化し、第三代の共産党集体指導の核心的地位を固めた。

「江沢民・朱鎔基体制」の確立は晩年の鄧小平が配置した人事であり死後実現されたものであった。即ち、間接的にアメリカの科学技術文明訓練を受けており、西側の市場経済に同意する開明的な立場の英語派が、共産党保守陣営が支持する李鵬を主とするソ連の政治経済教条派に替り、経済改革

2009年8月、人民出版社発刊『朱鎔基記者質問への回答』

と国家現代化を促進するものであった。

新総理に選出された朱鎔基は全人代の閉幕した翌日総理として初の世界各国のジャーナリストとの記者会見を行った。

李鵬時代にも実施されていたが、原稿の丸読みでは迫力にかけていた、今回はテレビのライブ放送で筆者もテレビにかぶりついて視聴することができた。しかも朱鎔基は四名の副総理ともども李嵐清、温家宝、呉邦国、温家宝が出席し、関連の質問に手分けして応答することになった。朱鎔基は原稿を一切持たず、記者の質問に対し、ユーモアを交えて的確に答弁し、好評を博した。

冒頭「今後五年間は中国の改革と発展にとって非常に重要な時期であり、当面差し迫って解決すべき最も挑戦的な問題は何ですか？」という質問に対して、朱鎔基は明確に答えている。

「当期政府の任務は、昨年江沢民総書記が中国共産党第一五次全国代表大会上、すでに明確な要求を出し、先ほど江沢民主席と李鵬委員長が講話をした通りであり、又当期政府がなすべき任務について数件の要件を概括すると次の通りである。

「一つの確保、三つの実行、五つの改革」とまとめることができる。

〝一つの確保〟とはすなわち東南アジアの金融危機は中国が直面している厳しい挑戦である。我々は本年中国の経済成長率を八％、物価上昇率は三％とし、人民元は切り下げしない。我々はこれらを必ずやり遂げねばならない。なぜならこれは中国の発展のみならず、またアジアの繁栄と安定に関係しているからである。我々がこれらの目標を達成する主要な手段は国内の需要を増大することである。

我々は最近数年マクロコントロールを成功させ適度に緊張した財政金融政策を講じ、貨幣の発行を制御し、通貨膨張指数を非常に低く抑え、それでできるだけ多くの財力を取り出し、国内需要を刺激する。

この需要とは即ち鉄道、自動車道路、農業用田地、水利、都市行政、環境保護等インフラ建設を強化するものであり、新技術産業の建設強化、現有企業の技術改造強化、当然また住宅建設がある、これは中国国民経済を新たに増強するポイントである。

〝三つの実行〟とは何か？

第一の〝実行〟は、既に我々は約三年の時間を使って、大多数の国有大中型欠損企業の苦境からの脱却を成功させ、現代企業制度を作り上げるように進めている。

第二の〝実行〟とは、我々は昨年全国金融活動会議を開催して、三年内に徹底した金融システムを改革することである。

言い換えれば、中央銀行は監督管理を強化し、商業銀行は自主自律経営をする。この目標はまた本世紀末までに実現しなければならない。

第三の〝実現〟は政府機構の改革である。今回の大会で可決された中央政府機構改革計画はすでに四〇の部委を二九に、政府機関の人数は半分にし配置転換する準備をしている。この任務は三年内に完成し、当然各級地方政府も三年内に機構改革を完成しなければならない。私が話した三年内完成は配置転換で出て来た政府機関の半分の幹部は三年内にすべて彼らが役割を十分に発揮できることを指しているのである。配置転換は本年中に完成するものとする。

新一次政府が設立された後、〝三定〟計画（職能を定める、機構を定める、編成を定める）を確定させ、今年はこの半分の人達が配置転換された。しかし完全に実行されるのは三年かかる。というのは配置転換した半分の人達は訓練しなければならず、合わせて本人の志望を考慮して、その人を適切なポストに着けるには比較的長い時間を要するからである。

〝五項目の改革〟は第一に食糧流通体制改革である。中国は農業政策の成功により、すでに連続三年豊作であった。

中国の食糧の在庫は現在史上最高レベルにある。私が責任を持って言えることは中国はたとえ二年強の自然災害に遭遇しても、食糧が欠乏することはあり得ない。しかし食糧在庫が膨大になっており、政府の財政補助金もまた相応に増加しており、我々はこの問題に対して食糧の買上げと販売体制の改革を行う。

第二は投融資体制の改革である。何となれば現在の投融資体制とは主には行政の審査と許可制度であり、市場は資源配置の基礎的役割を発揮しておらず、多くの重複建設を生み出しているので根本的な改革を行う必要があり、市場経済の要求に適合できるようにすること。

第三は住宅制度の改革である。住宅建設は中国経済の新しい成長ポイントになるであろう。但し我々は現行の福利住宅分配政策を貨幣化、商品化に改めなければならないし、人民大衆をして自分の住宅を買わせなければならない。すべての住宅改革計画はすでに三年以上かけて準備をしてきた。我々は本年下半期に新しい政策を公布し、福利住宅分配を停止し、住宅分配を商品化に改める。

第四は医療制度改革である。我々は本年下半期一つの全国的医療制度改革計画を公布し、人民大衆の基本福利を保障する。

第五は財政税収制度の改革をさらに一層完全なものにすること。現行の財政制度は一九九四年に改革したもので極めて大きな成功を収め、毎年の財政収入が非常に早い速度で増加することを保証した。しかし、当面存在する一つの問題は費用が税金より大きく増えていることである。非常に多くの政府機関が国家規定以外の各種費用を徴収し、民衆は負担に耐えられず、人々の恨みがたぎっており、これに対して必ず整頓と改革をしなければならない。すなわち、各級の政府機関が必要な規定費用以外にいろいろな名目をつけて再び民衆に向けて徴収することは許されない。

最後に私がさらに話さなければならないことは、科学教育振興が当期政府最大の任務である。江沢民主席は非常にこの問題を重視して、何度も科学教育で国を興すことの重要性をはっきり述べている。しかし我々は資金不足のために、うまく貫徹することができていない。資金はどこに行ってしまっているのか？政府機関が膨大で〝飯を食べるための財政〟で資金を食べ尽くしてしまった。その次に、各級政府の関与の下で多くの盲目的な重複建設が進められ、一つ数十億、数百億元のプロジェクトが進められ、生産開始後には市場が無くなり、逆に元の企業をつぶしてしまう。これでは中央財政と銀行をしても資金を出すことができないので科学教育で「国を興す」方針を支持しなかった。

このため当期政府は機構簡素化を図り、人を半分に減らし、さらに重複建設を制止し、費用を節約して科学教育興国の方針を貫徹することにした。中央はすでに国家科学技術教育工作小組を設立し、私が組長になり、李嵐清副総理も副組長にした。この決定はすでに江沢民主席に許可された。我々はさらに一歩科学教育興国計画を徹底的に貫徹するつもりである」

さらに新総理としての決意をこの記者会見で次のように披瀝している。「目の前が地雷源であっても、万丈の深淵であっても、私は勇気をもって前進するのみ！」と述べ、三国志で諸葛孔明が北伐の戦役に出陣するに当たって書いた「出師の表」の名言「鞠躬尽瘁、死して後已む」（心身ともに尽くして国事に励む）を引用している。

まるで京劇の名場面を聴いているようで満場の拍手を浴び、力強いスタートを切った。

（15）反腐敗運動を展開

朱鎔基総理の課題の一つは汚職を撲滅することであった。上海市長時代に就任後すぐ民衆の声を二カ月かけて聞いて回った。公務員に対する要望の中で最も率直な意見は役人の汚職問題であった。朱鎔基は市長時代の公約の中で、反腐敗運動に徹底して取り組み、率先して清廉で公正な行政を推進した。たとえば宴会は一汁四菜に限定し、汚職を絶滅する歌を作詞し、上海ＴＶで歌い、関連のテーマソングを連日放送し、違反者を厳罰にして、民衆の圧倒的に高い評価を得た。

中央政府に入ってからは公務員とビジネスマンの汚職が蔓延し出したために、「虎でも狼でも汚職をしたものは叩け」と命じ中央規律検査委員会を中心に容疑者の徹底チェックを行った。

その中で姚依林元副総理の娘婿の王岐山は中国農村信託投資公司の総経理や中国人民建設銀行副行長に抜擢されたが、その時の直属の上司が当時の中国人民銀行の行長で副総理を兼任していた朱鎔基であった。王岐山の実力を直感し、中国人民建設銀行の行長に送りこんでいる。そして一九九七年アジアの金融危機が発生すると、朱鎔基は信頼する王岐山を国内で最も深刻な打撃に見舞われた広東省のトップの座に送り込み、広東国際信託投資公司（ＧＩＴＩＣ）の破たん処理等に下手をすれば中国全土の経済をも揺るがしかねない経済処理の難題を王岐山に任せた。

一九九七年香港がイギリスから中国に返還された直後、アメリカのヘッジファンドが仕掛ける形で始まったアジアの金融危機は、東南アジアの国々や韓国の通貨を暴落させ、深刻な打撃をもたらした。そして、その衝撃が津波のように香港や中国にも襲い掛かり、巨大な通貨下落圧力にさらされた香港と隣接する広東省の経済に激震が走った。

朱鎔基副総理の命をうけて広東省に乗り込んだ王岐山は、朱鎔基と密接に連絡を取り合うことで、難題を次々に処理し、通貨人民元の暴落を食い止め、中国経済を深刻な打撃から救った。この混乱の最中一九九八年三月総理に昇格した朱鎔基は王岐山の経済手腕を高く評価し、広東省の経済問題の処理がひと段落した二〇〇〇年、中央政府に呼び戻し、国務院経済体制改革弁公室主任・党組織の書記に抜擢した。

二〇〇〇年三月の記者会見で反腐敗活動を徹底実施していくと次のように強調している。「私は今年国務院第一次全体会議で本年を〝管理年〟として、全面的に管理を強化する。即ち立法が必要であり、法制がなければならない。我々はそれぞれの領域で法制活動を強化するべきである。私は比較的多くの金融領域を重視している。皆さんにお話しするが、最近二年間我々が処理した金融面の訴訟事件は五〇〇〇強件にもなり、銀行の支店長の五〇〇人余りを免職にした。私はこれから「厳」の字を徹底的にやり遂げたいと思っている。

反腐敗問題は各国政府が直面する一つの重大問題であり、中国も又例外ではない。しかし私は中国政府は某雑誌が指摘したように最も腐敗した政府であるとは決して考えていない。中国の訴訟事件が少し多いのは、人口が多いからかもしれない。

一方我々は反腐敗活動で非常に大きな成果を上げてきた。皆さんの国では我々のように、法律により多くの人物を処分されたか?中国政府と中国の司法システムは汚職収賄腐敗の訴訟事件に対し、法律により厳重に処罰している。当然、我々はこの仕事に対して決して十分に満足しているわけではない。先ほど可決した最高人民検察院と最高人民法院の報告は、二、七〇〇名余りの代表中七〇〇名余りの代表が反対或いは棄権を表明している。ということはまた、人民は我々のこの活動が非常に満足していないということである。

しかし、我々はこの反腐敗が重大な成果を得ていることを見なければならない。例えば密輸について話すならば、我々は法律に基づき湛江税関の訴訟事件、厦門遠華訴訟事件を調査した上で処罰した。度重なる密輸に打撃を与えることにより、我々税関の税収が前年比二倍増加した。我々はこの金額八、四〇〇万元を低収入者の収入に廻した。

これは非常に大きな成果ではなかろうか?

我々の反腐敗問題と一党執政は多党交代執政と如何なる関係が有るのか見分けがつかない。皆さんの所では多党交代執政であるが、また腐敗はあるのではないか? キーポイントは法制である。立法が必要であるばかりではなく、その上断固として法律を執行しなければならない。中国はこの方面ですでに非常に大きな成果を得たが、我々はさらに引き続き我々の法制を整えていかねばならない。

当然、我々はニュース発表の面では反腐敗の進展状況については遅れているが、これには種々の実際的な困難があり、我々は改善しているところである。将来さらに多くの訴訟事件が新聞に公表され、人民大衆の監督を受けることになそれから一〇年後習近平体制になり、王岐山常務委員は習近平主席と組んで規律検査委員会の総責任者として反腐敗キャンペーンを自らの危険も顧みず、今度は「大きいものは虎でも小さいものは蝿（はえ）でも退治する」という意気込みで汚職にまみれた大物幹部を次々に摘発している姿を見ると正に師匠たる朱鎔基首相の過去の姿を彷彿させるものがある。

一九九九年一〇月一日、建国五〇周年の国慶節の行事が盛大に実施され、筆者も中日友好協会の特別配慮で天安門下のＶＩＰ席でパレードを拝観することができた。江沢民主席が祝辞を述べ、「来之不易―ここまでやってきた発展するのは容易くなかった」という言葉は印象的であった。その後オープンカーで長安街東側をゆっくりと回り「大家、辛苦了！―みなさん、ご苦労さん！」と呼びかけた。

その後解放軍の戦車や武器を含めたパレードがあり、解放軍の航空隊の飛行デモがあり、盛り沢山であった。

夜は花火が延々と続きと寒さに震えながら楽しんだ。

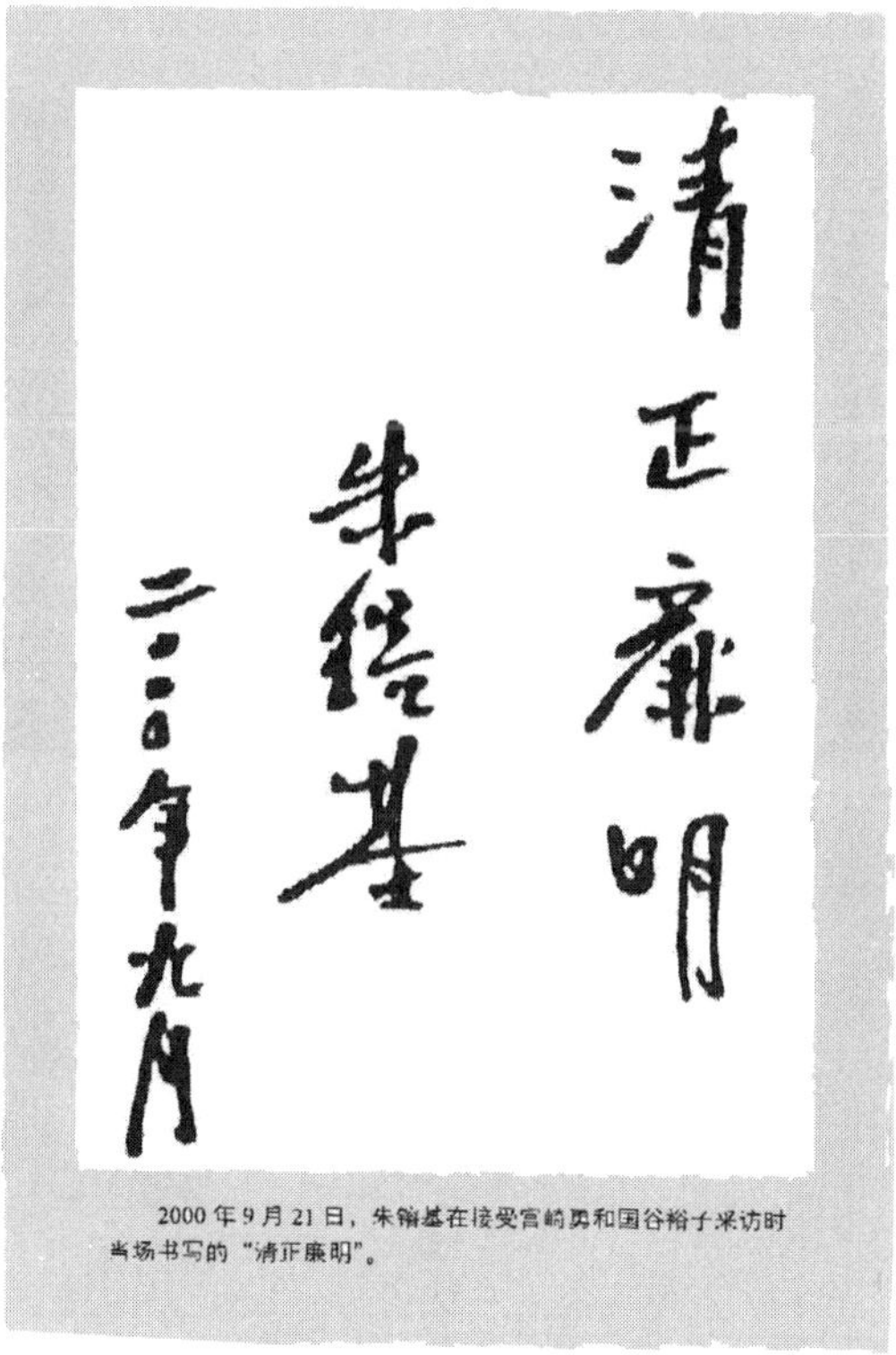

2000年9月21日，朱镕基在接受宫崎勇和国谷裕子采访时当场书写的“清正廉明”。

朱鎔基総理が訪日中、治政のモットーを尋ねられた時、揮毫された書

2010年10月、神戸舞子の孫中山記念館訪問

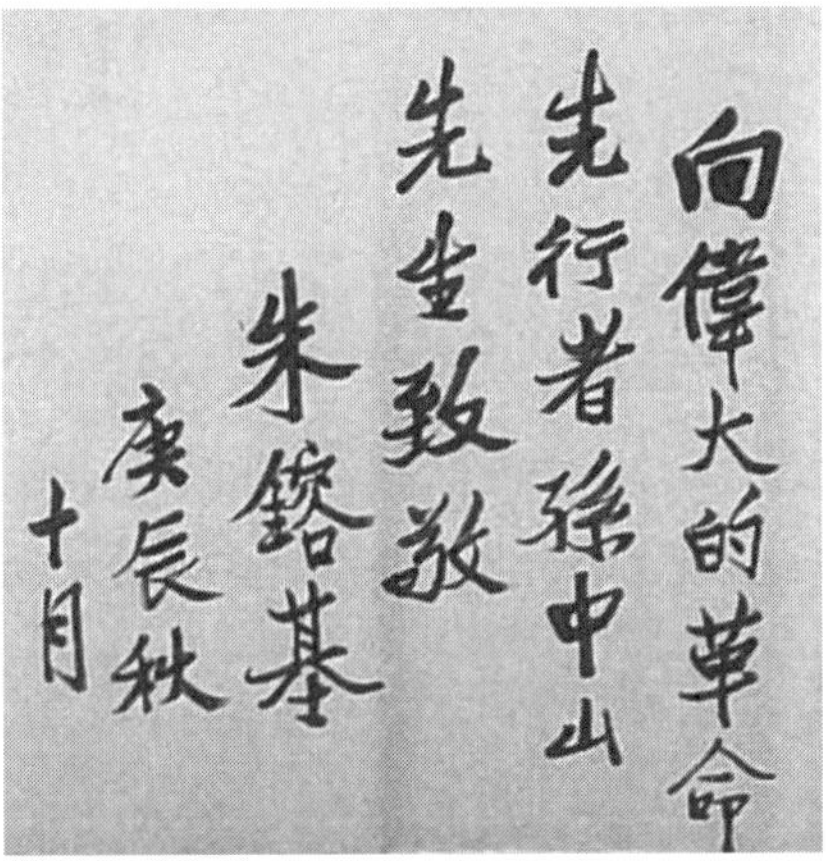

「偉大なる革命の先覚者孫中山先生に敬意を表します」

(16) 中国の人権保護問題

一九八九年六月四日の天安門事件以後、世界の中国を見る目は共産党一党独裁による人権保護の問題に集中した。

天安門広場で民主化を要求していたウーアルカイシやチャイリン等の少数の学生がアメリカへ脱走し中国政府に対する人権問題について抗議が話題を呼んだ。

当時上海市長であった朱鎔基はテレビでデモに出ていた学生や市民に対して「この事件は歴史が証明するから諸君は学校や職場に返ってくれ」と述べ北京のように軍隊を出さずに沈静化した。

この朱鎔基の説得が上海のみならず、中国全土に広がり、改革開放による経済発展がなければ人民の公正、平等を保証する社会主義はありえないことを改めて実感させた。筆者が朱鎔基を改革開放の救世主と崇拝する由縁である。

一九九九年第九次全国人民大会後開催された中外記者会見時の朱鎔基の人権問題に関する発言は次の通りである。

「先ほど人権問題に関する質問があった。我々中国の指導者が会見する外国の客人が人権問題について話をしない人は少ない。あたかも中国の人権問題を語らずして帰国することは、説明することが難しいからであろう。それで私が何度も重複して話をしているので今日は改めて話をするつもりはないのだが、最近アメリカの国務大臣オルブライトが中国に来訪した時に、私は彼女に一言話した。「私が人権保障獲得と保証する運動に参加した歴史は貴女より随分早かった」彼女は言った「そうですかね？」と私の意見に同意しなかった。私はすぐに返答した「違いますか？私は貴方より一〇歳年上です。私が生命の危険を冒して国民党と戦い、中国の民主、自由、民権を勝ち取る運動に参加していた時、貴女は中学校に入学したばかりでしたね」

私は言った、我々は人権の観点では非常に多くの点で一致しています。私は中学校で勉強していた時に、フランスのルソーが書いた〝社会契約論〟〝懺悔録〟〝エミール〟を読みました。人生、生まれつき平等な人権の観念、私はとっくに知っています。

我々は中国の五四運動の影響を受けました。五四運動はすなわち民主、科学の為に闘争しました。その為、後に共産党の指導の下で、反動政権が人権を侵犯することに反対したのですから、我々が今日どうして逆に人権を抑圧することができるのでしょうか？その上、中国では我々だけが人権保障をいかに実現するかということを知っているのです。当然、我々は人権問題上決して欠点が無いとは思っていません。また欠点が無いことなどあり得ません。

何となれば中国は数千年間封建社会であり、さらに半封建半植民地の歴史があり、中華人民共和国が成立してからは五〇年だけしか経っていません。五〇年でどうしてすべての問題をみんな解決することができるのでしょうか？

しかし我々は各方面の意見を聴取することを願っています。特に我が国民大衆の意見を聴取しています。我々は毎日人民の投書をすべて見て、彼らの願望をどのように満足させるか、かれらの要求を研究しています。

我々はまた外国の友人の意見を聴取することも願っている。この為我々は大変多くの対話チャンネルを持っています。

我々はアメリカ、EU、オーストラリアと人権方面のチャンネルを持っており、我々の人権面での活動は日々進歩しています。さきほど閉幕した九回全国人民代表大会二次会議は憲法修正案、「法による治国、を強め、社会主義法治国家建設を可決しました。我々の全国人民代表大会常務委員会は立法にあり、我々の国務院もまた立法に在り、国務院が立てた法律は行政法規と呼ばれている。我々は毎日我が国の法制を健全化することに努力しており、中国人民の人権を保障し、我々は引き続き頑張っていく。我々は外国の友人達が我々の活動を批評していただくことを歓迎します。しかしあまり急がさないで下さい。私は貴女よりもっと焦っているのですから！」

中国の人権問題に対する認識についてオルブライト国務長官はきっと大きく改められたことであろう。


さらに一九九九年四月訪米の折、アメリカ公共放送社（ＰＢＳ）のインタビューを受けた時に宗教問題が取り上げられ、宗教活動を行おうとした宗教家が逮捕されたことに言及した際に、朱鎔基は次のように答えている。「私は当然この状況を承知している。しかしこの事件は誇大に報道されている。

昨日私は四名のアメリカ宗教界の指導者と会見し、宗教信仰の自由について話し合った。彼らが私に指摘したことは、カトリックとその他のキリスト教は一～二世紀に発展しており、中華人民共和国が成立した時には八〇万人の信徒しかいなかったたったが、現在は一、〇〇〇万人に増えている。中国ではこの二〇年間でバイブル〈聖書〉を二、〇〇〇万部印刷した。

もし宗教信仰の自由がなかったら、これらすべてはどうなることになるのかということであった」

又その訪米時、マサチューセッツ理工大学（ＭＩＴ）で講演した際、一女子学生が中国の男女平等問題について質問した。これに対し朱鎔基は次のように答えた。「中国の社会では一種の男尊女卑等の伝統があるけれども、私は男女平等に賛成している。我国には各女性児童の大衆組織がいろいろあり、女性と児童の権利を保護している。

我々の代表団の中に一緒にいる一人傑出した女性がここにいる━呉儀女史です。今回のアメリカ側とのＷＴＯ加盟交渉ではキーパースンの役割を担っている。私はアメリカ人が〝国務委員〟が何か聞かれても分からないと思うが私は皆さんにそれは副総理の事ですよと伝える。しかし中国は順位にこだわるので、副総理でも後方にいるが素晴らしい仕事をしている。

私は貴方に一つの秘密を告げなければならない。私は家では完全に妻に従っている。私のポケットの中には一銭もなく、全て彼女に渡している」

筆者は数人の若い公務員や企業で働く人に給料をどうしているかと尋ねてみたが、すべて全額を奥さんに渡して、必要な時にもらっているということで、日本人以上に財布の紐はご婦人方に握られているようであった。筆者が関係した中国系の企業でも財務会計職員は圧倒的に女性が占めており比率が高かった。

呉儀副総理と筆者（2005年・訪日歓迎会）

(17) WTO加盟によるグローバリゼーション

中国は一九八七年以来、対外貿易経済部（略称、経貿部）が中心になってWTO（世界貿易機構）への加盟交渉を進めていた。

一九八九年の六・四天安門事件により主要国から経済制裁を受け三年間は経済危機に陥り大ピンチになった。

鄧小平が主導して一九九三年憲法改正を行い社会主義計画経済から社会主義市場経済になり、マクロコントロールを推進すると共に朱鎔基副総理が指揮を執って数々の改革を成功させ、一九九六年にはインフレをソフトランディングさせ、外資導入が急速に増加してきた。この環境下でグローバルゼーションを行う必要に迫られ、一九九八年総理に就任した朱鎔基の主要な仕事の一つがWTO加盟を実現することであり関係諸国を巡歴した。

先ず総理就任の最初の記者会見では、WTO問題を直接担当している李嵐清副総理が発言した。

「第一点として中国はWTOに加盟するために積極的な交渉を行っており、一一年間を費やしている。ウルグアイラウンドの交渉すべてに関する会合に参加し、しかも最後の包括的協定にも署名した。我々がこのように積極的な態度を取っている本当の理由は、我々が世界の貿易と経済合作の為に一つの統一された規則が必要であることを認めているからであり、さもなければ地域保護主義と貿易摩擦を引き起こし、これはまた誰にとっても不利になる。

第二点は中国がＷＴＯの組織を必要とする、しかもＷＴＯは中国が世界貿易第一〇位の国家が参加しなかったら、ＷＴＯはまた必要な役割を発揮することが困難であると私は見ている。現在少数のメンバーは中国がＷＴＯの組織を必要としていることは認めているが、ＷＴＯはあまり中国を必要としていないと考えている。わたしはこれはあまり正確な見方ではないと思う。

第三点は我々がＷＴＯに入れば、一国の開発途上国として引き受けなければならない義務を引き受ける準備をしている。がしかし同時にまた享受すべき権利を得なければならない。我々の改革はすでに大きく前進した、この一〇数年、我々はまだＷＴＯに入っていないが、しかし非常に多くの改革は元来発展を承諾した状態よりさらに進んでいる。我々の改革は予定の目標と計画に基づき、一歩一歩進行し、実践したこのことはすでにこれが正しい選択であった。我々はさらに引き続き予定した目標に向って一歩一歩改革する。現在の交渉はすでに大きな重要な進展をみており、我々はこの問題ができるだけ解決できることを期待している」

一九九九年の全人代終了後の恒例の記者会見が行われた時にきわめて印象的であった応答は、香港の記者が「今北京からニューヨークへ国際電話をかけると、香港より一〇倍高い電話代を払わなければならない。できるだけ早く国際電話のコストダウンをしてもらえないか？」という質問に対し朱鎔基は快刀乱麻に答えた。「我々もこの問題を重視しており、間もなくあなたの要望は実現できる。これまでは国有企業中国電信の独占事業であったが、間もなく情報産業部と鉄道部が「聯通通信」を設立し市場競争になるので、ＷＴＯに入る前にこの問題は解決される」

おかげで数カ月後には中国との国際電話料金は香港レベルになり、我々中国で働くものにとっても大いなるコストダウンと業務改善につながった。

一九九九年四月六日から一四日までクリントン大統領の招請により朱鎔基が訪米し、ワシントン、デンバー、シカゴ、ニューヨークとボストンを訪れた。事前に北京でアメリカ大使やウオールストリート　ジャーナル会長とも会見した。当時政治的にはコソボの中国大使館襲撃や台湾へのＴＭＤ配置などの政治面で生臭い問題があったが、中国のＷＴＯ加盟問題を説得することが最大の課題であった。

クリントン大統領との会談や代表的なマスコミのインタービューに精力的に対処し、エスプリとユーモア―にあふれた誠実な説得が、朱鎔基総理そのものと中国の発展状況への国民的理解が好転した。ルービン財務長官が「朱鎔基総理のＩＱは二〇〇以上だ」と評価した噂が評判をよんだ。その中でもアメリカ側を説得したのは「中国がＷＴＯに加盟することにより、中国のグローバリゼーションが進み、アメリカの対中貿易の輸入超過が拡大している赤字問題を解決することになるであろうというこのウインウインの関係を強調したことであった。クリントン大統領は年末までには解決したいという意向を示したが事務レベルでの時間がかかったことでブッシュ大統領に引き継がれ、二〇〇一年一二月に上海でようやくアメリカと関連文書に署名し、正式にWTO加入が実現した。

ポルトガル政府が清朝の末期一八八七年にリスボンが清政府と議定書を交し香港の東隣りで人口四〇万人の小都市マカオをポルトガルの植民地としていたが、二年前の香港の事例に合わせて一九九九年一二月末、中国に返還した。

これにより「半植民地、半封建主義の開発途上国」と自虐的な発言をしていた人々はその後一切この言葉を使わなくなった。

グローバリゼーションにより改革開放も順調に進み、もはや中国は世界の政治、経済を引っ張る経済大国に復活したのである。

WTO加盟後、中国側は五年間のスケジュールで関税の引き下げと市場開放のスケジュールを細目に亘って決めた。

例えば自動車の完成品は二〇%にまで、そのサービス部品は一〇%にまで大幅に引き下げられた。

また市場開放については、通信、物流、保険、各種サービス産業等の市場開放が行われ、がぜん「世界の工場」から「世界の市場」に発展する枠組みができた。

WTOに加盟することによる中国経済全体の影響で最も心配されたのは農業市場の開放であった。

中国産穀物の比較優位性がすでに低下しているため、この機会を生かし、積極的に産業構造の改革を図り、農民達を付加価値が高く市場性の良い農産品の生産に誘導できれば、彼らの収入を上げることも可能である。

例えば、中国の肉類、野菜類、果物や草花類等の労働集約型農産品は一定の優位性と輸出潜在力を持っている。しかし製品の品質、衛生、技術基準は国際基準のレベルには達しておらず、農業生産の生産性向上と流通の組織化の程度が低く、業界が分割され部門における独占現象が深刻であり、輸出競争力が十分ではない。ＷＴＯに入ることによりグローバル化が推進され、農業生産、流通管理の急速な改革を即時に行う必要があった。つまり国外からの圧力により国内の改革を加速することが可能になる。


製造業に対する影響は農業やサービス業に比し中国の開放度と競争力が全体的に外資導入の影響も大きく、素材・原材料部品、製品の加工と一貫体制の集積度と質の高い労働者によりサプライチェインが形成され既にグローバリゼーションを達成実現しており、「世界の工場」と称せられている。特にフォックスコーンを初めとするＥＭＳ（電子機器組立サービス業）が大量の雇用を確保し、雇用対策の恰好な場を提供している。日系企業で働く従業員数が直接間接を含め一〇〇〇万人になっている。中長期的には輸出産業のみではなく、購買力の向上により巨大な国内需要が期待される。

ＷＴＯ加盟により比較的強い競争力を持ち発展の余地を持っている産業として繊維服飾業、プラスチック製品、非金属鉱物製品、家電、電子、通信機械業が挙げられる。

また競争力は普通であるが、中長期的には発展の余地を持つ業界として、飲料製造業、たばこ、石油加工、金属加工、オートバイ、化学繊維、ゴム製造、紙とその製品、鉄鋼業等が挙げられる。

自動車、科学医薬産業は短期的には輸入増で強い衝撃をうけるが、中長期に亘り大きく発展する可能性が高い。

社会主義計画経済の顕著な特徴である過保護と行政による独占により中国は売り手市場で競争力が弱かった。お客様第一の考え方が全く欠如していると言っていいほど売ってやるという態度で、国営の友誼商店でも釣銭を投げて渡すのが当たり前であり、外国人客は不快感を持って買い物をしなければならなかった。

一九九四年三月朱鎔基副総理は日本の外務省の招聘で五回目の訪日をした時、流通の現場を見て回った。この写真は服飾衣料の卸、小売り販売が最も盛んである大阪の心斎橋船場で一番有名な「大西衣料株式会社」の店頭現場に立ち、一時間半もかけて大西社長を初めとする店員達に、商品の仕入れ、販売促進、代金回収等の経営管理の状況を詳しく質問して、マーケティングの実態を掌握した。中国の売り手市場と違って大阪の買い手市場は激しい競争の中で、種々知恵を巡らし、お客様第一を大切にし、仕入れ先にも喜んでもらえてこそ、自分達の商売が発展するという、いわゆる「三方良し」の経営方針が心に深く印象づけられた。

大阪のアパレル卸・小売現金市場視察　1994年2月・船場大西衣料

中国はＷＴＯ加盟になる前に試験的に日本や欧米の大規模商店のシステムの導入を開始した。アメリカのウオールマートが深圳にスーパーマーケットを開始し、日本勢も伊勢丹が上海、天津で、イトーヨーカ堂が北京、成都で、平和堂が長沙で流通革命を開始した。売り場で「いらしゃいませ」「有難うございました」「またお越しください」という顧客サービスが中国の購買者には極めて新鮮に受けとめられた。このようにＷＴＯ加盟は中国のサービス業に有利な影響も与えた。サービス市場の開放後、外資サービス提供者の進出が国内サービス業の業界独占を打破し、市場競争を強化させ、サービス業の効率を向上させることになった。また各種プロジェクトの請負、遠洋運輸等中国が競争優位を持っているサービス産業は国際市場から公平な条件を獲得することができ、より一層の発展が実現することになる。世界一のアメリカのウオールマートは一九九八年から深圳に第一号店を出したが、たちまち深圳の消費者を魅了しＷＴＯ加盟後には主要各地に出店することになり、国内販売とアメリカへの持ち帰りで猛スピードの発展をし一〇〇万人に及ぶ雇用を行い、一時はアメリカへの中国製品輸出が伸び、アメリカに持ち帰った結果アメリカの輸出入総額の二〇％近くまで伸び、アメリカの入超となった。

しかし長期にわたる行政の独占により競争力が欠けている大型国有企業は、一時的だが外資系サービス業に敗れ深刻な結果を招いてしまうかもしれない。例えば銀行業や保険業においては外資系システム、資金、ブランド、サービス、管理等が優位性を生かし激しい競争を展開するだろう。中長期的には国内銀行業も保険業も他部門に亘る協力を展開し、「ウインウイン」の局面を実現させる可能性も期待できる。

綜合的にはＷＴＯ加盟により、好むと好まざるにかかわらず、グローバリゼーションが進み、国内での改革開放政策が一層進化することになった。

一方朱鎔基は外資系合弁企業としてそれぞれの地域に根を下し、しっかりと先進技術を導入して頑張っている企業を訪れて実態を視察し激励している。松下電器グループとしては朱鎔基が一九九三年当時最も多く製品輸入をしていたＶＴＲを部品から製品に至るまですべて一気に五〇数アイテムを「一条龍―頭から尻尾まで」国産化するプロジェクトを敢行した。

地域的に重複投資してしまう従来のパターンを改善する目的もあった。当時世界で四社しか製造していなかった企業に声をかけ総合的に電子工業部が主宰して国際入札させた。短期間に商務部門と技術部門が中国側と一括交渉した。ライバルの某社の責任者は筆者に「このプロジェクトは引受けるのも地獄、取らぬのも地獄」と語ったが、道路事情の悪い中国で振動に耐えうるアルミ鋳造のシャーシーを採用しているのは松下電器のみであった。価格交渉も厳しく谷井社長がひと月に二度北京に出張しやっと落札した。

大連の先進技術開発区七賢嶺で合弁会社華録松下録像機有限公司の巨大な工場が出来上がり日本でもまだできていなかった全自動ラインが稼動した。稼動して三年ほどは順調に生産販売も進んだが、急速に録画テープから光デスクＶＣＤ、ＤＶＤに市場が転換し、ＶＴＲ工場もＤＶＤ工場に転換せざるを得なかった。この間江沢民主席は二度、朱鎔基は三度現場を視察し激励していただいた。後には胡錦濤主席も視察している。

また二〇〇〇年一月朱鎔基は河北省唐山市を視察した際、溶接機の製造販売では中国でトップシェアーを持つ唐山松下産業機器有限公司の柳宝成副総経理は一九九四年創立して以降、年販売額も年利益額も中国で第一位であることを説明すると、朱鎔基は絶えず詳細に亘り関連状況を尋ねた。同時に日本側小林誠総経理が外国優秀専門家賞を受賞し、唐山市政府の名誉市民称号を授与されていると紹介している。朱鎔基はこの唐山松下が達成した経営成果を高く評価した。

なお二〇〇八年の北京オリンピックに於けるメインスタジアム「鳥の巣」は近代的建築として世界に驚きを与えたが、この建設ではナットやボルトを一切使わず溶接のみによって接合されているが、この作業はすべて唐山松下が担当し、無事故で完成した。

（18）西部大開発と環境保護対策の実施

第九回全国人民大会三次会議の中外記者質問会に於いて、朱鎔基総理は冒頭西部地区大開発問題と環境問題を入念に説明した。

「我が国の西部地区開発は、早くも前世紀八〇年代鄧小平が発表した〝二つの大局〟戦略の思想である。

〝二つの大局〟は鄧小平がある談話の中で指示した内容で、〝沿海地区は対外開放を加速し、二億人を擁する広大な地を先ず発展させる、それによって「奥地」に手本を示しより良く発展させる。これは一つの大局に関する問題である。「奥地」はこの大局を念頭に置き、全体の利益を尊重しなければならない。逆に発展が一定の状態に達した時に、又沿海は更に多くの力を出して「奥地」の発展を手伝うべきであり、これがまた大局である。その時には沿海もまたこの大局に従わなければならない〟と述べている。

昨年来江沢民書記は何回も西部大開発を強調しており、〝開発〟の前に〝大〟の字を加えている。この戦略思想は現在すでに実施の時機になっている。なぜなら中国の経済発展は既にこのような段階に達しているからである。沿海地区の経済発展、特に伝統産業の発展は既に飽和状態に向かっており、新しい市場を探さねばならなくなっている。西部地区の開発は当面の急務である。

西部大開発について、主に二つの内容を述べなければならない。一つはインフラ建設である。西部地区は果てしなく広く、交通は発達しておらず、先ずインフラの建設を進めなければならない。現在我々はすでに国家の資金を大量に西部地区に投入している。たとえば我々は〝西気東輸―西部の天然ガスを東部へ輸送する〟プロジェクトを発表した。

我々は新疆のタリム地区で大量の天然ガスを発見し、すでに新疆から四、二〇〇KNのパイプラインを修築し、八つの省、自治区、直轄市を経て上海に送ることを決定した。このように、沿海地区のエネルギー構造、産業構造はすべて非常に大きな変化をさせることができる。これには大量の資金を必要とし、我々は海内外の投資者を歓迎し、特に外国の投資者が建設に参加されることを期待している。皆さんは投資もできるし、中国企業の一定量の株を所有し経営に参画することもでき、管理することもできる。私はこの一筋のパイプの効果と利益は非常に良く、回収率は非常に高いものになるものと信じている。

二つ目は生態環境の改善である。中国は当面食糧問題はすでに基本的に解決していると言えるが、相対的に供給過剰の状態が現われた。過去は食糧不足であったので、山上の樹木はほとんど切り倒され、食糧の種を植えた。現在我々は極めて困難に直面している。一代の人々で完成できることではなく、西部地区の本当の開発はおそらく数代の人々の努力を必要とするであろう」

翌年二〇〇一年南京に於いて開催された第六回世界華商大会で、朱鎔基総理は全世界から集まった数千人の華商に対して西部大開発の状況を詳しく説明し、祖国の更なる発展のために、華商の支援を強く訴えた。

西部大開発のカバーする地域は中国最初の統一国家ができた西安を中心とする陝西省を東端として、四川省や重慶市は、歴史も古く三国志の〈蜀〉、〈巴〉の時代から「天府の国」として肥沃な大地に恵まれて比較的豊かな地域で農業が栄え、人々の教育・文化レベルも高く、毛沢東時代には軍事基地として電子関係の通信、電子、レーダー、等々の軍需工場が密集していた。日本からの投資もWTO加盟後いち早く伊藤忠がリードして成都市に百貨店のイトーヨーカ堂を経営して大入り満員の大成功を収めていた。「軍転民」又軍需産業から民需産業への転換が積極的に行われた。その他は化学工業が集中している甘粛省、少数民族が集中している雲南省、GDPが伸びていない貴州省や青海省、西側は異なった宗教問題を抱えているチベット、新疆ウイグル、寧夏回族、内蒙古の四自治区と広大な地域である。

それだけにそれぞれの地域の産業振興を図り、住民の生活、文化の政治の安定を図ることが必須の要件であった。

日本からはいち早くファナック社が寧夏回族自治区の省都銀川市でロボットの製造事業に着手し順調な操業を行っている。

（19） 財政赤字と積極的国家インフラ建設の成功

第九回四次全国人民代表大会記者招待会で、現在の財政赤字が連続数年続くとインフレの心配はないのか？という質問に対し朱鎔基は次のように答えている。「一九九七年、アジア金融危機が発生し、中国経済も非常に大きな困難に直面した。

一九九七年中国の輸出は前年比二〇％増加した。一九九八年輸出はゼロ成長になり、輸出入はマイナス成長であった。

幾つかの中小金融機構は一九九七年クライシス或いは取り付け騒ぎを起こした。国有企業約一〇〇〇万人の従業員をリストラした。

需要が不足したため、大多数の工業、農業製品は生産能力供給過剰になった。企業は大きな困難に直面し、一体如何なる対策を取るべきか、当時各種各様の提案があった。例えば人民元を切り下げることにより思い切って、輸出入を促進する。又その外別の提案もあり、国有資産を売って、このクライシスをやり過ごすという案も出た。しかし、党中央、国務院は積極的な財政政策と穏健な貨幣政策を採用することに決定した。この決定が三年来の実績により、正しかったことを証明した。なぜ正しかったのか？なぜなら当時の歴史条件は中国の人、財、物はみな欠乏していなかった。財とは銀行の住民預金残高が非常に多かったこと。しかし、加工工業の生産能力は過剰であり、資金繰りが苦しくなっているプロジェクトには銀行の預金を貸し出し、銀行はさらに預金者には利息を上げ預金促進することにした。もし国有銀行のこれらの預金資金が使用できなくなったら、国家財政には、非常に重い負担になる。この為、我々は国家財政より銀行に向けて国債を発行する形式を採用し、銀行の資金を使用することにした。また一面、幾つかの国有企業の生産能力が極めて過剰になった場合、ただインフラのみの建設を行い、問題化する。

このような状況下で、我々は三年で三、六〇〇億元国債を発行し、一・五兆元のインフラの建設を行い国民経済全体を率いてきて、活性化した。今から見れば、成果は非常に明らかである。

まず最初にこれらの資金はすべてインフラの建設に投入されている。この三年、我々は一七万Kmの道路を修理・建設した、その中一万Kmは高速道路であり、新規建設、拡大建設の電化鉄道は一万Km、長江数千Kmの大堤防の洪水防止基準を引き上げた。一九九八年のあの大洪水が再びやって来ても我々は恐れる必要が無くなった。各都市もみなインフラ建設をしている。全国の生態環境保護はみな成功をしており、この効果と利益は明らかである。

その次にインフラ建設は工業生産を始動させ、国有企業は税収と利潤を増やし、国有企業改革の苦境を脱出する三年目標を基本的に達成した。国家の財政収入も大幅に増した。我々は昨年から、積極財政政策の第三年目に着手し、この効果を見ることができた。昨年の全国財政収入は一兆三八八〇億元であり、一九九九年と比較して一、九六〇億元（一四・一％増）の増収、非常に大きな一つの階段を乗り越えたことにより、我々は債務を返済することができるのである。

それ故、中国の財政赤字は増加しており、尚且つ増加は比較的多いが、しかし拡大した赤字はすべてインフラの建設に用いられており、我々は国債を二倍に償還する能力を有している。したがって私は国債を増発することに如何なるリスクも無いと思う。

昨年、私はアメリカのルービン前財務大臣と新疆で会い、彼に中国が積極的財政政策を推進していることに対し、彼の意見を求めた。彼は私に現在の国債残高はどれほどかと尋ねた。私は一・二兆元であり、これには過去暦年の国債が含まれており、我が国のGDPの一四％であると説明した。彼はあっさりと何のリスクも無い、皆が認める警戒線は二〇％であり、まだ遥かに低いと答えた。当然のことながら、彼が答えたこの説明に決して安心はしていない。私が昨年より実践していることは、財政収入が一年で一、九六〇億元増加し、手に〝純金白銀〟のお金がすべて返って来ていることでありそれで、初めて安心する。

今回の全国人民代表大会では本年は再び一、五〇〇億元の国債を発行し、現有の国債プロジェクトの建設と西部地区大開発の新規プロジェクトに使用することが決定された。私は来年は多分さらに一、五〇〇億元の国債が必要になると見通している。

この二年が経つと、既存の国債プロジェクトはいずれもすべて完成し、西部地区の大開発は計画された規模になり、国有企業は良好な循環に入り、財政収入は増加し、社会資金ルートができあがる。私は今後二度と再びこのような多額の国債を発行する必要は無くなり、また再びこのようなインフラの国債を発行する必要は無いと信じているが、皆さんと一緒に待ってみましょう。

然し私は又その外別に一種の心配がある、それは民間人が国債発行と聞くと、真夜中でも起きて銀行に行き列を作り、国債は午前中に売り切れてしまうのではないだろうか。私は将来もし国債を発行しないとなると、民間人は我々に不満を持つであろうと心配している。この理由は非常に簡単である。現在銀行の預金利率は一年もので二・二五%であり、国債の三年ものは年利率二・八九%で、五年もので年利率は三・一四%である。国債発行後、銀行の預金は減っていない。利子所得税徴収後に於いても預金は依然増加している。人民大衆が我々を信頼してくれていることが分かる」

(20) 政府の機構改革が進展

朱鎔基総理政権の今回の全国人民代表大会第四次記者会見で、一九九八年朱鎔基政府がスタートし三年経過した。この政府の課題として取り組まれてきた行政機構改革の進展状況に関する質問がでた。朱鎔基は次のように答えている。

私は当期政府の機構改革は成功していると思う。一九九八年以降、我々は極めて短時間で機構改革を可決し、国務院系統の官公庁幹部は三・三万人から一・六万人余に減少した、すなわち半減したということだが、如何なる不穏な事態も発生していない。各省、自治区、直轄市政府官公庁もまた同様な比率で簡素化した。

本年我々は市、県の官公庁に対し二〇%の比率で簡素化を進め、すべて定員外の人員は一律に解雇する。これらの政府機構官公庁の改革は、政府の行政効率と政府職能の向上に有利に働き、非常に大きな効果を上げた。

現在、国務院官公庁の仕事の能率は大いに向上した。

当然、私はまだ不満足なところもある。それは我々政府機構の職能転換がまだ完成していないことである。幾人かの幹部は計画経済体制下の仕事のやり方が習慣になってしまっており、社会主義市場経済の条件下で政府の職能がまだはっきり定っていない点であり、してはならない仕事をしたり、私はこれを「場違い役者」と呼んでいる。

我々はさらに改革を進めなければならない。去年はすでに一〇の国家局（過去の一〇の部に相当）を九個取り消し、一個を改革した。これは非常に大きな変化であった。同時に、我々はさらに社会主義市場経済の要求に適応し、幾つかの部門を強化した。国家工商行政管理局、国家品質技術監督局と国家出入境検疫局、新聞出版署を含めこれらは強化、昇格させる必要がある。これらは元々副部局単位であったが、現在は正部級部門に変える必要がある。当然、職能の転換は容易なことではなく、時間を要し、我々は引き続き努力しなければならない。」

この行政改革は日本では一〇年かかった仕事、これを朱鎔基は剛腕を振るって三年でやったと宮崎勇を感嘆させた。

(21) 第九回全国人民代表大会五次会議記者招待会の質疑応答

二〇〇二年三月一五日恒例の記者招待会が行われた。朱鎔基と参加した記者達にとってはこれが最後の記者会見であった。

最初に新華社の記者が質問した。「本年我が国の財政赤字は三、〇九八億元で、GDPの三％になっている。我が国の財政リスクにどう対処すべきか？これは次期政権に影響しないか？」この質問に対して朱鎔基の返答は次のようであった。

「一昨日私は香港のある新聞が、私に〝赤字総理〟という〝栄誉称号〟を送るという記事を見た。私はこれまで栄誉称号或いは栄誉学位なるものを受けていない、その為この問題に対して私は数語説明する必要がある。

私は手元の資料を調べた。私は二〇数ヵ国だけを調べた。二〇〇〇年、一九の国家が皆赤字であり、いくつかの発展した先進国も含まれている。だから、問題は財政が赤字であるか無いかということではなく、この赤字のレベルが受入れ能力の範囲内にあるかどうかということである。特にこの赤字がどんな地方で使われているか、〝赤字〟はどこの地方にあるのかということである。中国の今年の予算赤字は三、〇九八億人民元であり、GDP総額の三％前後に相当する。国債残高は二・五六兆人民元、GDP総額の一六％前後である。この二種類の数字はすべて公認の警戒ラインの範囲内である。

きわめて重要なことは、我が国のこの赤字は経常的な予算面を埋め合わすことに使用されるのではなく、予算を食い尽くすのでも無く、インフラの建設面に使用されるものである。

当期の政府は既に五、一〇〇億元の国債を発行し、銀行資金とその他の資金ということだ。合計二・五兆元強のプロジェクトを完成した。それには新規に建設した一〇万Kmの道路、この中には一・三万Kmが高速道路であり、新規建設した五〇〇〇Kmの幹線鉄道に加えて複線、電化鉄道一万Km以上を加え、九、五〇〇万Kmの発電所は、全部は農村の電力網に改造した。

移動電話と固定電話のユーザーはすでに三・二億に達した。これらはすべて実用されている。

それ故、私は次の政府に残すものは債務だけでなく、さらに収益二・五兆元強の優良資産があり、これらは長期に亘り将来中国経済の発展の中で巨大な経済収益と社会収益を上げる。さらに重要なことは、この数年五、一〇〇億元の国債に加えて銀行がセットした貸付金は全部の工業生産を引っ張り、全国民経済の急速発展をもたらし、財政収入は毎年すべて大幅に増加する。これでようやく我々をして人民の生活を強力に改善することが可能になる。

最近四年で従業員の給料は大体倍増したが、さらに我々をして一つの比較的健全な社会保障システムを構築させようとしており、我々に大量の資金を教育と科学技術面に投入させようとしている。これと同時に、最近数年間で人民大衆の銀行貯蓄預金は絶えず増加しており、毎年七、〇〇〇億から八、〇〇〇億人民元のレベルにある。もし我々が積極的な財政政策と穏健な貨幣政策を採用しなかったら、中国経済もまた駄目になっていたかもしれない。それゆえに、この中から見てとることができるのは、積極的な財政政策の程度も又丁度良いころ合いであったということだ。

貴方に見ていただきたいことは一九九八年以来この四年、物価は少しも上がっていないし、下がってもいない。上下浮動一％の範囲の中にある。中国の「腕前」もなかなかのものであることを証明するに十分である。

だから、すまないが、私は〝赤字総理〟の〝栄誉称号〟をお返しする。私は我々の国家の為に積極的財政政策を実行することができ、アジア金融危機をもたらした影響を克服したばかりでなく、その上このチャンスを利用して前例のない国民経済の発展を遂げたことを誇りに感じている」

続いて、〈人民日報〉の記者が質問した。「当期政権がスタートした時、提起した目標は〝一つの確保、三つの実行、五項改革〟であった。当期政府は任期内にこの目標をすべてできますか？」

この質問に対して朱鎔基は明確に答えた。

「私は一九九八年当期政権がスタートした時に提起した〝一つの確保、三つの実行、五項改革〟はすでに基本的に完成した。〝一つの確保〟は経済成長速度を八％とし、切り下げはしないということであった。結果は人民元は切り下げしなかった。年当りの経済成長率は七・八％で八％より少し足りなかった。原因は皆さんが知っているように、一九九八年厳しい水害に遭遇し、加えてアジア金融危機の影響で少し足りなかった。

〝三つの実行〟、第一は大多数の大中型欠損企業が三年以内に欠損を利益の出る企業に変えることであった。この目標は第三年目にすでに完成した。もし国有企業が納税する多くの大量税収がなかったら、財政収入状況がこのように良くなることはないし毎年GDP成長率の二倍に上げることもなければ不可能であった。

第二の〝実行〟は金融改革である。我々は既に商業銀行に対して非常に大きな改革を行った。我々はアメリカRTC（不良債権処理信託会社）経験を借り、不良債権を分離し、資産管理会社を設立し商業銀行の経営状況を非常に大きく転換した。去年一年だけで、不良債権の比率が三％下がった。

第三の〝実行〟は政府機構の簡素化であった。これは昨年すでに完成した。人員を半分に減らした。現在機構簡素化はすでに省、市、県政府で進められている。

〝五項改革〟は食料流通体制改革、投資融資対策改革、住宅制度改革、医療制度改革、及び財税制度改革であった。

この五項改革は既に完成したものもあるし、現在進行中のものもある。私は改革の進展にやはり満足している。

その為、私は当期政府が全国人民に対し、全国人民代表大会に提示した活動報告を承諾してくれ、毎回の〈政府活動報告〉がすべて高い評価で承認を得ているのか？

私は自問して良心に恥じることは無い。しかしまだ非常に多くの仕事をきちんとできていない。我々は引き続きしっかりとしていかねばならない」

アメリカのCNNの記者が端的に厳しい質問をした。「一九九八年にあなたが第一次の記者招待会をされた時と比べて、現在を見ると、あなたは同じように立派であるがややお疲れではないか。一三億の人口をかかえる国家の大事を責任を持って処理されているのはどんな状況なのか想像し難いが、あなたが国家の大事を管理される時に、一番頭の痛い問題は何ですか？あなたが総理になって以来、非常に大きな成果を挙げてこられたが、まだいくつかの事は完成されていないのではないでしょうか？」

これに対して朱鎔基は農業問題を次のように強調した。

「私が一九九八年に比べて疲れて見えるかどうか、在席のみなさんがどんな評価をされるかわからないが、私は終始一貫些かも疲れを知らず私が担っている政府の仕事を進めている。この四年間当期政府は非常に多くの仕事をやって来た。特に先ほど話したアジア金融危機の我が国に対する影響は大きかったが、にもかかわらずこの数年来絶えず我々自身を発展させた。

当然私はまだ多くの事を完成していない。私にとって最も頭の痛い事は何か？私は毎日朝から晩まで頭を痛めており、最もきつい事は、当面のことについていえば、主には農民の収入である。この四年間、国家公務員の給与は大体二倍に増えているけれども、物価は上がっていない。大多数の国有欠損企業は三年内にすでに基本的に苦境を脱出し、大変多くの企業職員もまた非常に多くの給与引き上げがあった。退職従業員は社会保障体系の改善により、彼らの待遇も向上した。私は彼らが非常に喜んでいると思う。しかしこれに比較すれば、農民の収入増加は速くなく、個別地方では下降している。この問題に対して、この数年中国政府は巨大な努力をした。私の〝政府活動〟の中でもまた大量のページ数を使った、しかしこの問題を解決するのは容易ではない。一番根本的な対策は農村産業構成の調整を適切に行う必要がある。中国の現在の供給は需要より多い。価格は上がらず、農民の収入は増加していない。特に中国がＷＴＯに加盟後アメリカの農産品はさらに大量に中国に上陸しており、国内の農産品価格は更に下がっており、農民は更に困難になったのではなかろうか？

これがすなわち私の非常に頭の痛いことである。

現在アメリカが中国に輸出している大豆の年間数量は一一五〇〇万トンになった。我々が遺伝子組み換え農産物の管理方法を採用するときは、これもまた国際上非常に多くの国家が実行している方法であるが、皆さんのアメリカの指導者は私の所に来て大豆の問題を相談し、アメリカの一〇億ドルの輸出に影響が出ることを説明して、我々にもう少し慎重にして欲しいと要求した。

然し中国がアメリカに輸出する鉄鋼製品は反って八％の輸入税を三〇％まで加税するというので、中国が三・五億ドル鋼材をアメリカに輸出ことができないことに影響する。私はアメリカの指導者が大豆に関心を持つように、我々の鋼材もまたアメリカ大豆に対して三〇％を課税できないのか？これらはみな頭の痛い問題であるが、しかし私は頭が痛いけれどもやはり解決できることである。現在全国の食糧倉庫には二、五〇〇億キロの在庫が有り、我々は倉庫を開けて貧しい人を救済することができ、耕地を森林に戻し、耕地を草原に戻し、耕地を池に戻す政策を実行して、農民の収入を直接或いは間接的に増加させた。同時に、我々は農村改税費の政策を実行し、農民の負担を軽減している。

私はこれらの対策が当面の困難な局面を緩和することができると思う。さらにもう少しの一定の期間がすぎると、農業の産業構造の調整が効果を上げ、農民の収入が増加する。当然、これは一定の時間が必要である」

この朱鎔基の回答が、朱鎔基が副総理から総理まで一〇年間、社会主義市場経済マクロエコノミーコントロールの経験を積み上げられ、数々の目覚ましい成果を上げ、農業国家から市場経済への転換を実現しグローバリゼーションを実現し「世界の工場」に続き「世界の市場」に発展させた。その中で三農問題、環境問題、腐敗問題の解決は次の世代に引き継がれることになった。

（22）引退後の生活

二〇〇三年三月、朱鎔基は総理の職位から離れて引退した。退任後、朱鎔基は自宅にこもってめったに外出せず、非常に地味であり、たいていは門を閉じて読書に耽り、公衆の場に顔を出すことはない。

彼の最大の原則は「仕事の話はしない」ということであり、「その位にあらざれば、その政を相談せず」という。

彼はさらにその上常にユーモアたっぷりに〝一介の庶民にすぎない〟と自称している。

中南海を離れた朱鎔基は、北京に固定せず、上海や湖南、又広東に行った。しかし北京にいる時も、外地に行く時も幾人かの官吏が来訪した時も、仕事の話はしないとさっぱりしている。

退任前後の朱鎔基は別人のようであり、退任前は公認の「ワーカホリック—仕事中毒」であったが、五〇余年の仕事は早くからすでに彼の生活習慣となり第二の生き甲斐であった。特に彼のあの真剣な表情、厳しい態度、鋭い言葉、鋭敏な眼差し、事に当たっての果断、厳格で迅速に政策を実施し又情実に動かされることなく公平無私であり、本気で人にへつらわない公正な風格は世間の人々に非常に深い印象を残しており、多くの官吏に畏敬の念を持たせ、身震いさせていた。

退任後最大の原則は仕事の話をしないことであり、一般の人とよもやま話をすることを好んでいる。

彼は書を読み、書道を練習し、二胡を弾くことを楽しんでいる。興が乗った時には労安夫人と一緒に「婦唱夫随」で京劇の一節を踊った。過去の真剣さと厳格さはだんだんと淡泊になり、表情は温和で慈愛に溢れたものとなって、笑顔が日増しに増えてきた。たとえば彼が病院に行き眼や歯を見てもらう時には彼の周囲には談笑が起こり、医者もいつも一緒になって楽しんでいる。

朱鎔基は自分の晩節を非常に重んじている。今に至るまでも公明正大であることを最も大切にしている。

「官吏は私の厳粛さを恐れず、私が廉潔であることに恐れる。民衆は私の能力に服するのではなく、私の公平性に服する：公正は即ち民衆が態度が冷たく無礼にする勇気がないことであり、廉潔は即ち官吏がいじめる勇気がないことである。公正は明朗を生み、廉潔は威厳を生む。」朱鎔基はかってこのように述べた。

「私は退任した後、人々の視線からはずれてきた、全国の人民が一言、彼は清廉な官吏であり、悪徳管理者では無かったと言ってくれれば、私は満足である。もし人々がさらに、もう少し気前がよければ〝朱鎔基はさらに少し口先だけでなく具体的なことをした〟と言ってくれれば、私はまことに有り難いと思う」朱鎔基はこのように語り、またこのようにやり遂げた。

二〇〇〇年一〇月一七日のSo-netでは朱鎔基が韓国の金大中大統領と並んでノーベル平和賞を受賞することになったと報じたが実現しなかった。筆者は残念に思っている。

1995年5月、朱鎔基総理の著者との会見（中南海）

朱鎔基はだんだん人々の視野から消えていく。しかし彼のその崇高な人格と、事に当たる風格は永遠に人々の心の中に留まり誇りになるであろう。

彼こそは中国の発展に一生をささげた偉大な救世主であり、中国が誇りとする哲人であり、世界の心ある人々にも感銘と勇気を与え続ける人物であると信じてやまない。

（結び）

朱鎔基は一九九三〜二〇〇三年まで第一副総理と総理として一〇年間江沢民主席と共に国政を担い、歴史上まれな高度経済成長を成し遂げ、トップ人事のルールに従いきっぱりと辞任し、次の世代に引き継いだ。

筆者はこの文中に触れているが仕事の関係で大変幸運にも朱鎔基副総理に三度、ご婦人の労安さんに一度お目にかかり、それぞれの会見で忘れることのできない清冽な印象をもった。ぜひともいつかこのお二人の事を記録に残しておきたいと願っていた。それから一〇数年が経ち、ようやくその願いが天に通じて、数々の関係者の支援や残された資料を参考にしてようやくここまでまとめることができた。

朱鎔基は人間としてどちらかというと本来内気で個人として表に出ることを好まず、質素で謙虚そのものであり、ロープロファイルである。労安夫人も礼儀正しくご主人を立てて決して表にでることなく東洋女性の鑑であると思う。

朱鎔基が総理退任の際に自分は人々の印象から消えていくが自分の事を「清廉で公正な人であり、口先だけではなく、具体的な仕事をした人であった。と言ってくれればこの上ない喜びである」と謙虚に述べている。

然しながら朱鎔基路線は胡錦濤主席、温家宝総理に引き継がれ二〇〇三～二〇〇七年までGDPが連続年率一〇％以上の超高度経済成長が続き二〇一〇年以降は日本を抜き世界第二位の経済大国になった。二〇一二年からは習近平主席、李克強総理に引き継がれ二〇二〇年の「小康」状態を実現しようとしている。反腐敗運動も成果を上げつつある。

朱鎔基が求めた静かに消えていく状況は民衆を逆に朱鎔基総理を忘れてはならないと気持ちにさせ総理在任中の講話が人民出版社から二〇〇九年「朱鎔基答記者問」、二〇一一年「朱鎔基講話実録」第一～四巻が出版され、ベストセラーになった。

二〇一五年一月朱鎔基元総理が慈善団体にそれらの著作印税七億六〇〇〇万円相当をを寄付して、中国の慈善家リスト　ベスト10中に入っており、実業家でないのは朱鎔基元総理ら三人のみであった。

以上をもって中国の改革開放政策の危機から、天の大任を担い、献身的に中国を発展に導いた救世主朱鎔基総理の生涯を語り終えることとする。最後に表題題字に麗筆を揮っていただいた抗迫柏樹先生並びに改訂版の出版に際し甚大なるご支援をいただいた関西外語大学戸毛敏美教授及び出版することに数々のご支援をいただいた畏友桜美林大学・北東アジア総合研究所所長川西重忠教授に心から感謝申し上げる。

前ページのベストセラー「朱鎔基講話実録」表紙
2011年9月、人民出版社発刊

参考

中国の高度経済成長の道程

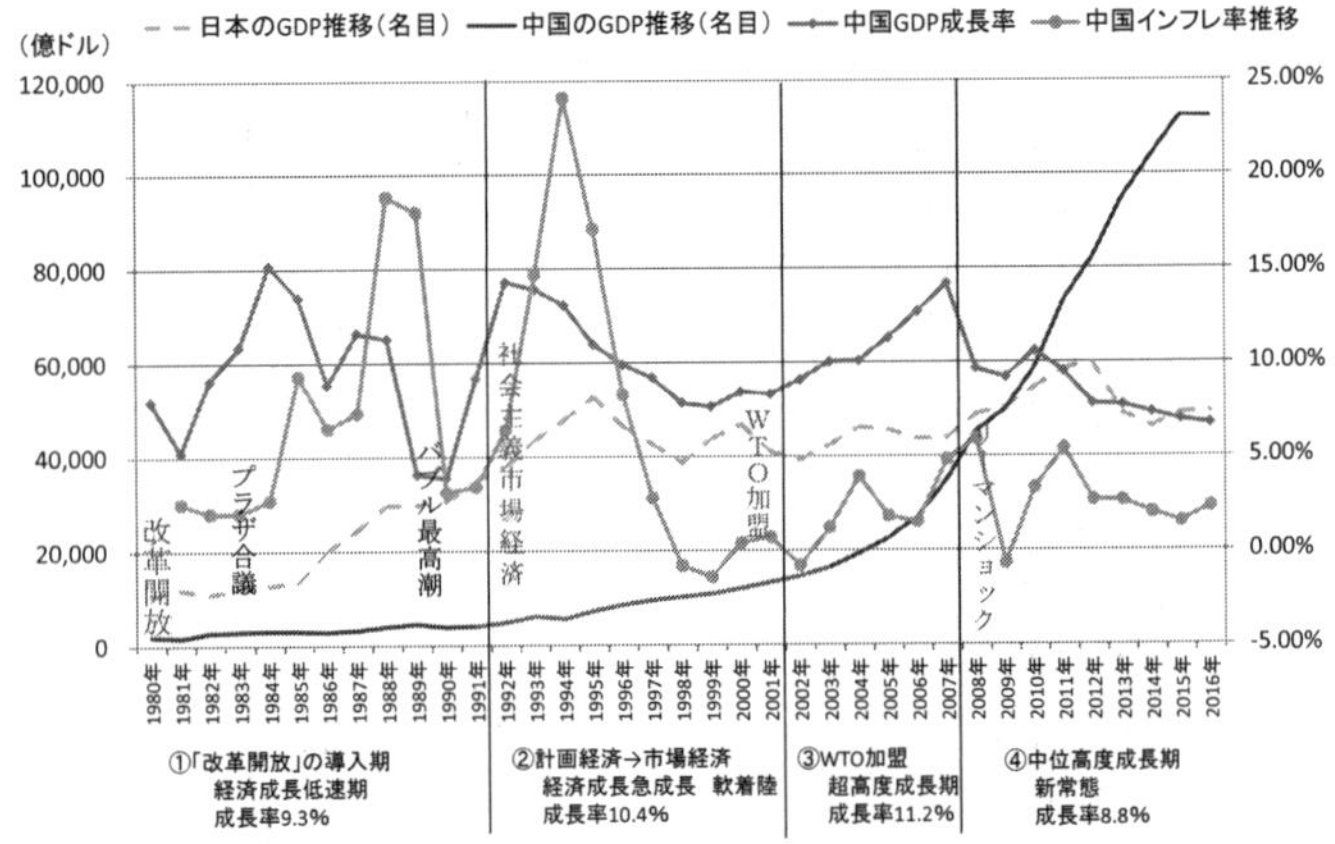

日中経済貿易センター作成資料

中国　国内総生産と財政収入

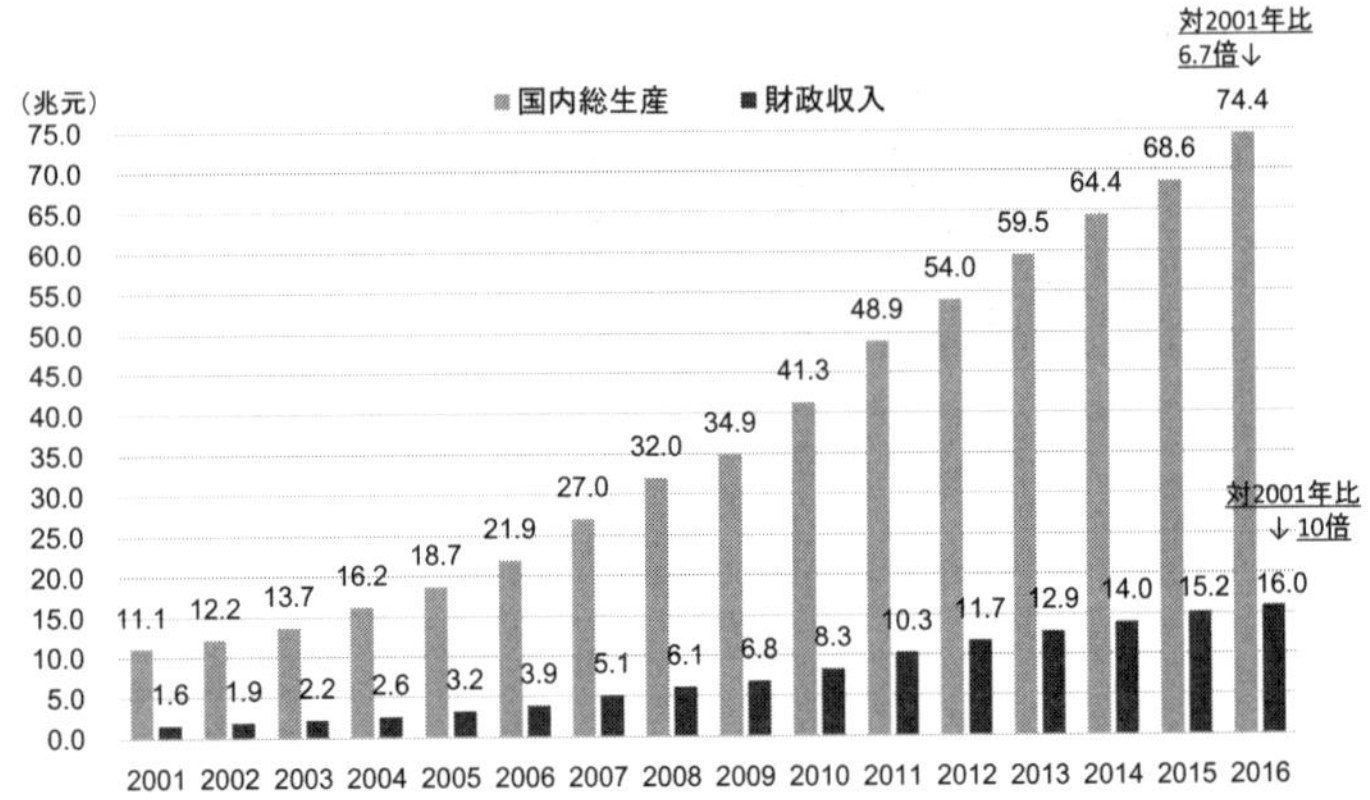

資料来源：国家統計年鑑

日中貿易推移

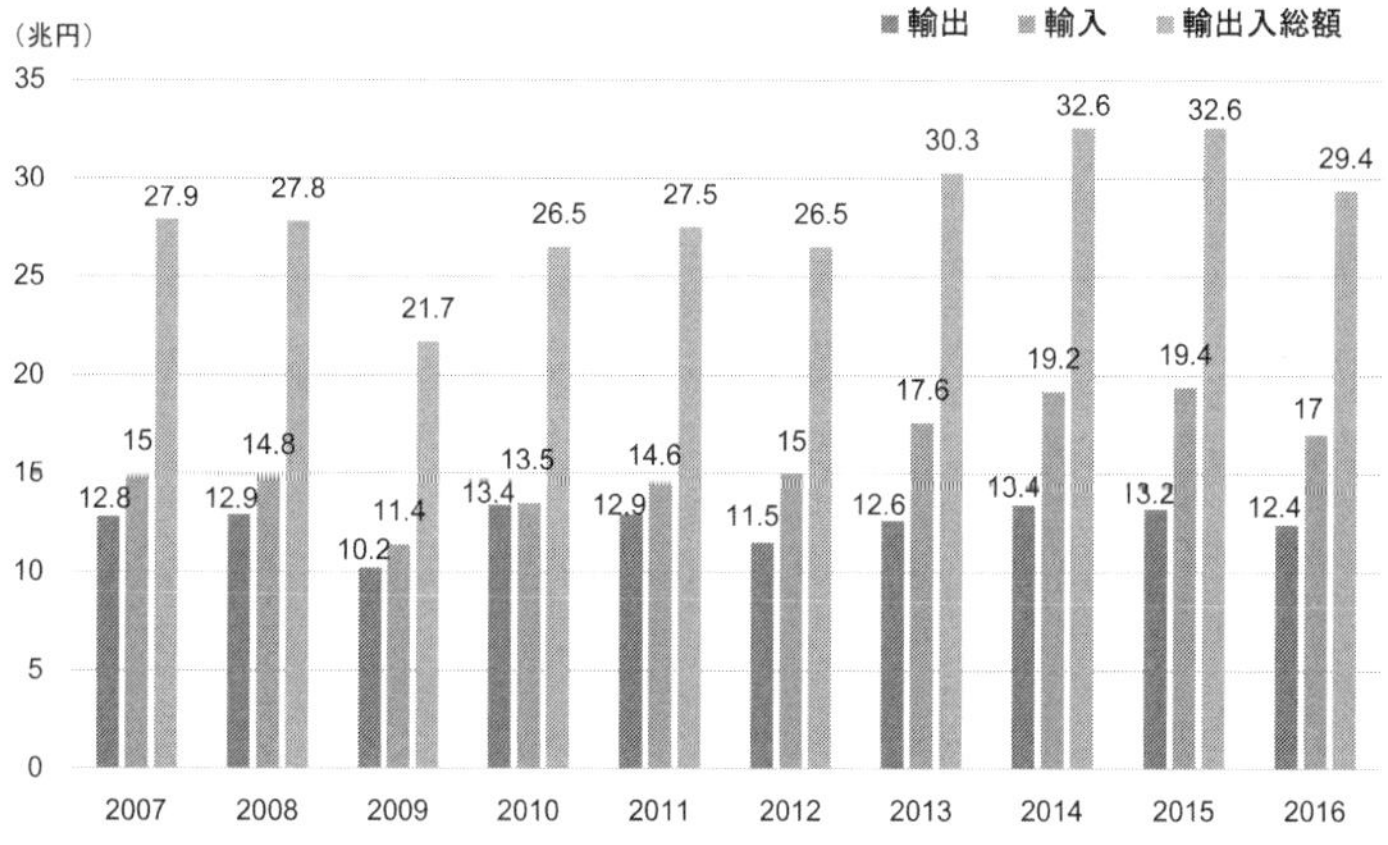

（出典）財務省発表

中国の外貨準備高 推移

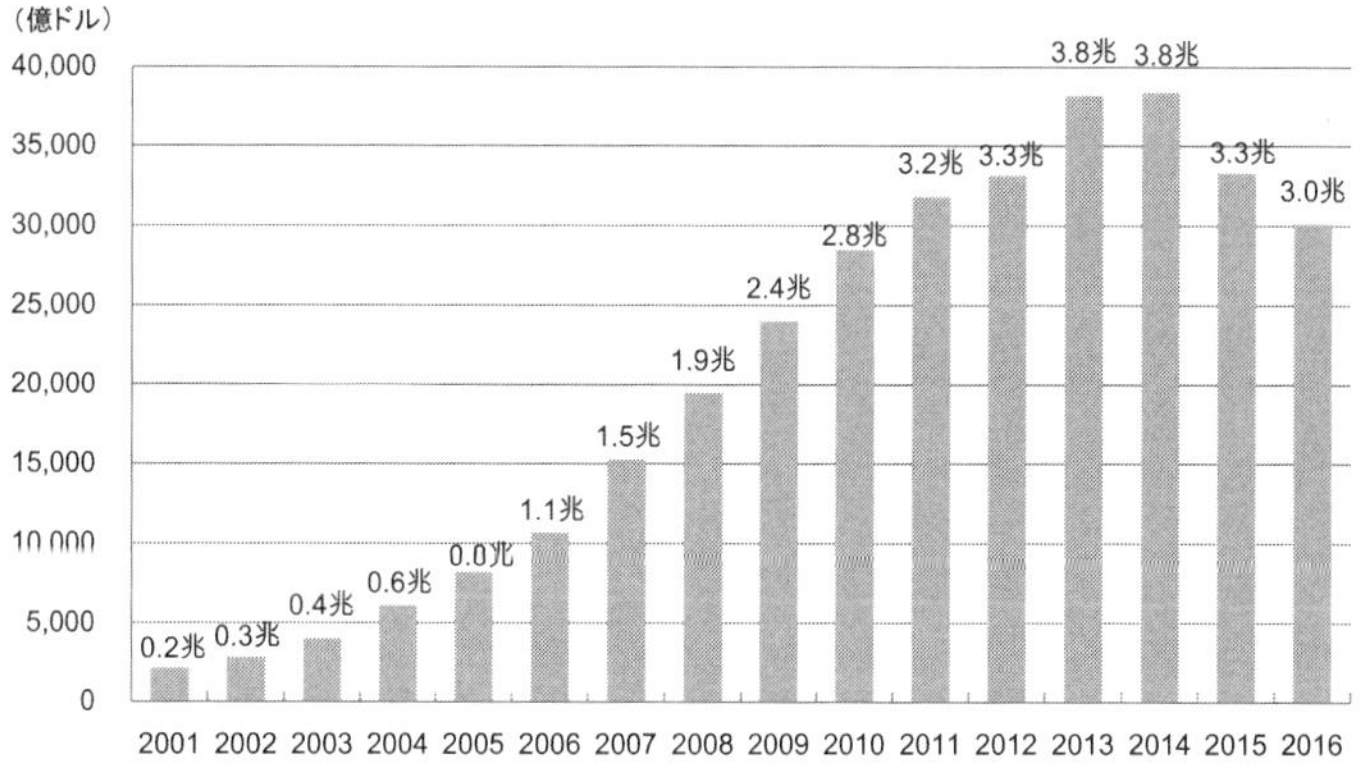

中国国家経済局発表

参考文書

一．朱鎔基「答記者問」　人民出版社　二〇〇九年

二．「朱鎔基講話実録」　第1巻～4巻　二〇一一年

三．朱鎔基の中国改革　PHP新書051、朱建栄著　一九九八年

四．「Zhu Rong Ji」　ウィキペディア　二〇一五年五月

五．「鄧小平」　エズラ・F・ヴォーゲル　日本経済新聞社　二〇一四年

六．「中国のリスクとビジネスチャンス」　中江要介、矢吹晋、平田昌弘　一九九五年

七．朱鎔基伝　台北市「時報出版」　楊中美著　一九九八年

八．日本経済新聞　二〇一六年七月一七日十二版　同七月二四日十一版

朱鎔基総理の略歴年表

1928年10月1日	湖南湘陰県安沙郷にて誕生。(父親希聖はすでに逝去)
1938年	母親も早逝。以後は叔父朱学方によって保護育成される。
1938年11月11日	国民党による文夕大火により田舎の安沙郷に疎開。
1941年夏	崇徳小学校を卒業、私立の名門広益中学校に合格。
1944年	洞口八中高等部に入学。
1945年夏	湖南省立一高（実際は国立）に入学。
1947年夏	湖南省立一高を卒業、北京在の清華大学に合格。
1948年7月5日	「七五事件」が発生。国民党が学生デモを武力鎮圧。第一線の学生幹部に選抜される。
1949年	中国共産党に加入、承認された。
1949年10月1日	中華人民共和国成立。
1951年	清華学生自治会主席に就任。
1951年7月	清華大学を卒業。東北人民政府工業部生産計画処に就任。
1952年11月	国家計画委員会燃動局総合組組長に就任。
1956年	国家計画委員会主任弁公室副処長に就任。
1957年	国家計画委員会機械局総合処副処長に就任。
1958年	国家計画委員会反右弁公室より「右派分子」と査定され党籍も剥奪される。国家計画委員会補習学院教員となる。

1962年	国家計画委員会国民経済綜合局に復帰。工程師（技術者）の称号を受ける。
1970年	国家計画委員会に所属の河北「五七」幹部学校に下放され労働改造五年を執行される。
1975年	石油工業部輸送管理局電力通信工程公司副主任兼技士長に就任。
1978年	社会科学院工業経済研究所研究室主任に任命される。党籍回復。
1979年	国家計画委員会燃料動力局処長に就任し、翌年高級技士の称号を取得。
1980年	中国国際信託投資公司訪日団の代表団の一員として初訪日。
1982年	国家経済委員会の委員と技術改造局長に昇格。
1983年	国家経済委員会副主任（次官）に就任。
1984年	国家経済委員会党組織委員会副書記に任命される。
1984年12月	中国品質管理代表団団長として２回目の訪日、松下電器中央研究所で技術交流を実施。
1985年11月	〈経済日報〉に〈経験を総括し、さらに一層技術改革を進めよう〉という論文を発表。
1986年	〈瞭望〉海外版に〈中国対外経済合作の新発展〉を発表。
1987年２月	外務省の招聘で３回目の訪日をし、中国の財政、金融、保険の課題につき日本の対策を調査した。
８月	鄧小平へ直接経済情勢と対策を具申。「経済がわかる男」という評価と信頼を受ける。

10月	共産党第13回大会で中国共産党中央委員候補に就任。
12月	第９代目上海市市長に就任。
1988年４月	上海９次１回大会で直選市長候補に承認される。「上海政府は清廉公正で高効率な政府になることを宣言し、７項目の具体的な政策」を発表した。
1989年４月	上海市第九次人民代表会議で前年度経営実績が急速に発展したことを発表。関連の７件の実事を完了したことを報告。上海市民の市長に対する高い評価と信頼を得た。
５月	江沢民書記の中国共産党総書記への転任に伴い、上海市党委員会書記を兼任。
６月８日	北京で発生した6・4天安門事件に影響を受け、上海に波及した混乱状態を自らテレビの生放送で学生には学校へ市民には職場へ帰るように説得し、汚された市内を関係者に特別手当を出し、北京とは異なり平和裏に解決した。 その時の名言は「今回のことは歴史が証明する」であった。
11月	江沢民が上海に赴き鄧小平と中央の「浦東開発」を伝える。
1990年２月	「浦東開発に関する指示伺い書」を上海で鄧小平に提示。
４月	李鵬が国務院を代表して上海浦東新区開発を認可し、併せて特区の優遇政策を実行することに同意した。

6月	上海経済代表団を引率して、前後して香港、シンガポールに２週間の視察訪問を実施。
7月	中国市長代表団を引率して23日間アメリカ訪問視察実施。
12月	上海証券取引所が開設された。
1991年２月	鄧小平が元老の李先念、楊尚昆と上海で朱鎔基の浦東開発新区の活動報告を聴取。
４月12日	雛家華・朱鎔基が第７回人民代表大会四日目の会議で副総理に任命された。
	上海市政府代表団を引率してヨーロッパの訪問視察実施。
6月	全国の工業と交通・通信部門の生産と技術改造、人材教育等に責任を持つ工公系統の副総理、兼「三角債」整理指導小組組長、生産事務室主任、全国安全生産委員会主任となる。
9月	２か月間で４省100社近くの国営大中型国営企業に対し現場視察をし、「三角債」問題の実態を掌握し、全面的な返済方法を決定して、いっきに5000億元から2000億元を返済させた。
	同時に「品質品種公益年」活動に注力し偽物模造品に打撃を与えた。
1992年６月	国務院生産事務所を取り消し、国務院経済貿易弁公室とし主任に任命される。
10月	14次中央大会で政治局委員と常務委員、七名の常務委員の中で第五順位となり、前回の中央候補委員から三段飛び越し、中央戦

略決定層に任命される。

1993年３月　全国人民大会で「国家は社会主義の市場経済を実施する。国家は経済立法を強化し、マクロコントロールを完全にする」と明確に憲法改正を採択した。

11月　14次３中全会で分税制提案（中央と地方の税収配分の適正化促進案）が可決された。

1994年１月１日　兌換券を廃止し、人民元一本に通貨を統一。

５月　病気休養の李鵬に代わり総理代理に就任。

６月　金融秩序整頓を切り口に16条のマクロコントロール対策を決定、六号公文書で全国県団クラスまで執行を命令。

７月　中国人民銀行行長に就任。マクロエコノミーコントロール対策を全面実施。「マクロコントロールは三か月後には効果が出始め半年で局面を打開できる」と断言。

1995年12月　上海証券取引所五周年の際、「法制、管理、自律、規範」の八字方針の中国証券業界指導指針を発表。

1996年10月　中国の株式市場が翌年の香港返還が確定したことによりより乱高下し状況を見て、政府として株式市場に関与することに決定。最高値、最低値、立ち合い中止制度を導入し、正常化した。

1997年　マクロエコノミーによるソフトランニングが成功しインフレが抑制され、通貨統一による人民元安と外貨導入の激増による巨大な輸出競争力、当時日本に次ぐ外貨準備高

	により、アジア金融危機の影響を最小限に留めた。
10月	第15次党大会の選挙により中央政治局常務委員に当選し、党内序列は№5より№3に昇進した。
1998年3月	第15回全国人民代表大会で69歳の第5代総理就任は最も高齢で着任した。初代は周恩来、2代目が花国鋒、3番目が趙紫陽、4番目が李鵬であった。
3月14日	全人代終了後の翌日、世界各国のジャーナリストとテレビのライブで関係閣僚も出席して記者の質問に対して自由な応答が行われ非常に好評であった。特に新総理の応答はエスプリとユーモアーに富み超高度成長に挑む諸政策が明確に語られた。
1994年4月	アメリカ、カナダ訪問。WTO加盟促進が主要課題であり、クリントン大統領を初め政財界、マスコミ、宗教界とも親しく接遇されている。
2000年3月	記者会見では西部大開発と環境保護問題を強調し、併せて反腐敗運動を徹底実施することを誓った。またこの年を〝管理年〟と定め法治を強化することを宣言した。
2001年3月	記者会見で財政赤字は積極的な国家インフラ建設に投資されており、中長期的には国家全体の大きな収益を生み出すものであることを強調。
2002年3月	記者会見で1998年当期政府がスタートした

時に、提起した〝一つの確保、三つの実行、五つの改革〟はほとんど実現できた。できていないことの最大は農民の収入問題であると端的に指摘した。

2003年　総理を退任、胡錦濤主席、温家宝総理に引き継ぐ。歴史上まれな高度経済成長を成し遂げトップ人事のルールに従いきっぱり辞任し悠々自適の老後生活を楽しまれている。

2009年　「朱鎔基答記者問」を人民出版社より発刊。好評を博す。

2011年　「朱鎔基講和実録」1～4巻を人民出版社よりは発行。前書に続き好評を博す。

2015年　慈善団体に著作印税7億6千万円を寄付され。当年の慈善家リストベスト10に入っている。

以上

増補改訂版『朱鎔基総理の時代』出版後記

（財）アジア・ユーラシア総合研究所所長　桜美林大学名誉教授　川西重忠

本書の著者青木俊一郎氏とは30年前の北京勤務以来の旧知の間柄である。丁度その頃起きた1989年6月4日の天安門事件を現地で体験したという点では特別の関係といってよい。当時、「北京・松下カラーブラウン管有限公司」は、64事件勃発時の際も北京に残り、通常通り工場を稼働させたことで世界的に有名であるが、その北京松下の営業部長として辣腕をふるっていたのが著者の青木俊一郎氏である。我々の間では「松下電器の李鵬」と綽名（あだな）され、強面（こわもて）で通っていた。青木氏とは日本から見えた蜷川社長夫妻をご案内して、北京市内のキリスト教会の日曜礼拝にご一緒したこともある。

青木俊一郎氏が今回、『朱鎔基総理の時代』の増補改訂版を刊行することになった。企業の日中ビジネスや公務の傍ら、今まで何冊もの経営ビジネス書、翻訳書、論文を[illegible]は広い。いずれも長年の海外ビジネス体験と多くの読書を活かした著作である。

本書にも、著者青木氏の教養の広さと歴史と人物の理解の深さがいたるところに詰まっている。

青木俊一郎氏のいま一番の関心事は、中国改革開放を推進した近代中国の生んだ傑出した政治家朱鎔基総理を日本人の一人でも多くの人に知ってもらいたいということにある。朱鎔基総理について本書ほど全面的で、身近に中国で会見した人の手になった伝記は今までないように私は思う。

現代中国改革開放の推進者、朱鎔基総理については、多くの日本人はその名前が著名である割には、実は詳しくは知らないのが一般ではなかろうか。

朱鎔基総理は中国改革開放の推進者であり救世主であった。もし中国の改革開放政策による経済発展がなかったならば、その後の中国の奇跡の経済成長もなく、現在のような大国中国もなかったであろう。

本書は、朱鎔基総理の本格的評伝であるが、世上一般にみられる単なる成功者の伝記ではなく、少年時代から最盛期の10年に及ぶ副総理、総理時代、そして引退後の生活まで、広い視野と長い歴史の視点で人間朱鎔基の生涯を描いている。著者の青木俊一郎氏は、何度も朱鎔基本人と会い、多くの朱鎔基関連図書にも目を通し、長時間をかけて本書を纏め上げた。

朱鎔基総理を語ることは現代中国の歴史と中国社会を語ることでもある。

このような清廉公平な人物が現代中国に存在していることを、私たちは真摯に耳を傾け、謙虚に学び知ることで、今後の日中関係の相互理解と友好促進に繋げてゆきたいものである。公平な人には温容の中にも怖さがある。私は北京駐在時代、朱鎔基総理の第1秘書であった上海政府高官と何度か会食したが、どのように打ち解けても決して金銭に手を触れることはなかった。ある時、ご家族のご不幸を知り、日本流に香典袋を渡したときも笑い興じながら、その封筒を分らないように指でさりげなく横に滑らせて秘書に流した。子は親に従うというが、朱鎔基総理の清廉潔白ぶりを思い出し、第1秘書の彼に怖いほどの畏敬の念を持ったのを鮮やかに覚えている。

本書には瑞所に多くの知見がちりばめられている。例えば、経済企画庁長官を務められた宮崎勇氏が早くから中国の朱鎔基の存在を知り、日本の行政改革の体験を教示することで朱鎔基がのちの中国の行政改革に生かした事例など、枚挙にいとまない。正に肝胆あい照らす仲であったことを本書で初めて知り、驚いた。宮崎勇氏は、92歳で亡くなられるまで日中関係には特に熱心で協力を惜しまれなかった。1992年の日中関係学会設立の時など多くの友人知己をご紹介して下さり激励された。呉儀氏はじめ青木俊一郎氏の日中要人との交友関係も本書の読みどころの一つであろう。

本書が一人でも多くの日中関係と現代中国を学ぶ真摯な研究者、一般読者に読み継がれることを願って増補改訂版の後記とする。

2017年9月28日

著者紹介

青木俊一郎（あおき　しゅんいちろう）

生年月日：1940年４月26日
最終学歴：1963年大阪外国語大学　中国語学部
（現　大阪大学　外国語学科　中国語学部）

職歴：

1963年　松下電器産業株式会社　入社
1968年　台湾松下電器有限公司営業部課長
1970年　インドネシア　ナショナルゴーベル　営業部部長
1979年　松下電器駐華代表処　処長
1987年　北京松下カラーブラウン管有限公司　営業部部長
1990年　松下電器駐華代表処　首席代表
1994年　松下電器有限公司　総経理（社長）
2000年　松下電器産業株式会社　中国・北東アジア本部　顧問（～2003年3月）
2003年　日中経済貿易センター理事長
2016年　日中経済貿易センター相談役に就任、現在に至る。

NPO大阪府日中友好協会　副会長
龍谷大学経営学部大学院客員教授
日中語学専門学院　学院長
関西日中関係学会　会長

受賞：1995年　通産大臣　経済協力賞

執筆活動：

○「中国家電産業の現状」　ジェトロ「中国経済」2000年８月号掲載
○「中国へ進出した日本企業の現状と問題点」
日本電子機械工業会「電子」2000年10月号掲載
○「興亡夢の如し、秦の宰相李斯」（銭寧著、翻訳筆名：松岡　亮にて翻訳）
2002年10月　東洋書院刊
○「ケースブック国際経営」の中、「松下電器の中国事業展開」を記述
2003年４月　有斐閣
○「成長する中国企業・その脅威と限界」の中、「Hisense海信」を記述
（財）国際貿易投資研究所監修　2004年２月
○「聖人・孔子の生涯」（銭寧著、筆名：松岡亮にて翻訳）2005年東洋書院刊
○「21世紀のグローバルな企業活動と国際貢献」JEITAREVIEU, 2005. 12月号
○「されど輸出立国」KPC　News　2010. 5～6月号
○「国交正常化40周年日本の家電産業の変化」SMBCチャイナクラブ６月号　等々

増補改訂版
朱鎔基総理の時代

2018年7月20日　増補改訂版 第1刷発行

著　者　青木　俊一郎
発行者　川西　重忠
発行者　一般財団法人 アジア・ユーラシア総合研究所
〒151-0051　東京都渋谷区千駄ヶ谷1-1-12
Tel/Fax：03-5413-8912
http://www.obirin.ac.jp
E-mail: n-e-a@obirin.ac.jp
印刷所　株式会社厚徳社

2017 Printed in Japan
ISBN978-4-904794-90-6

定価はカバーに表示してあります
乱丁・落丁はお取り替え致します